Thomas Lüken

Lohnt sich Atheismus?

Antworten auf eine so nie gestellte Frage

AF192071

Bibliografische Information der Deutschen
Nationalbibliothek
Die Deutsche Nationalbibliothek verzeichnet diese
Publikation in der Deutschen Nationalbibliografie; detaillierte
bibliografische Daten sind im Internet über http://dnb.d-nb.de
abrufbar.

© 2007 Thomas Lüken
www.lohnt-sich-atheismus.de
Satz, Umschlagdesign, Herstellung und Verlag:
Books on Demand GmbH, Norderstedt
ISBN 978-3-8334-8461-2

Lohnt sich Atheismus?

Inhalt

ERSTER TEIL

1. Lohnt sich Atheismus? Oder lohnt sich der Glaube an einen Gott mehr?

Wir entscheiden ständig in kleinen und großen Dingen darüber, ob sich etwas für uns lohnt oder nicht: Ich muss in einer Stunde weg, lohnt es sich da noch groß zu kochen oder schiebe ich lieber einfach eine Tiefkühlpizza in den Ofen? Für 20 Euro kann ich jetzt umsonst ins deutsche Festnetz telefonieren, telefoniere ich überhaupt so viel? Lohnt sich das?

Die Liste solcher Fragen ließe sich endlos erweitern, und alle diese Fragen haben ihre Berechtigung. Die Frage, ob sich die Spielregeln lohnen, die ich für mein gesamtes Leben annehme, hat also eine nicht zu überbietende Berechtigung. Wer jetzt fragt, ob ich *überhaupt* irgendwelche Regeln brauche, dem antworte ich, dass der, der keine Regeln hat, für sich als Regel Nr. 1 den Satz aufstellt *es gibt keine Regeln* und sich wie alle anderen fragen kann, ob sich dieses Regelwerk für ihn oder sie lohnt. (Wenn ein Ringrichter zwei Kickboxern zuraunt: *Ab jetzt ohne Regeln!*, findet der Kampf ja weiterhin statt.)

Wer bei seiner Überlegung zu dem Schluss kommt, der Glaube an einen Gott lohne sich für ihn nicht, dem rate ich also, er soll davon die Finger lassen. Da die Frage nach den Grundlagen des gesamten Lebens aber wichtiger ist als die Frage lecker kochen oder Tiefkühlpizza, sollte man sich dafür etwas Zeit nehmen. Und das tun wir jetzt.

2. 0-Euro-Job oder Multimilliardär?

Im Grunde stellt sich jeder, der wissen will, ob sich eine bestimmte Sache für ihn lohnt, folgende drei Fragen: Was muss ich tun? Was krieg ich dafür? Was passiert, wenn ich es nicht mache?

Wir stellen uns vor, wir sind auf Jobsuche. (Dafür brauchen viele von uns sicherlich nicht sehr viel Phantasie heutzutage.) Wir lesen zwei Stellenanzeigen, in Auftrag gegeben von der göttlichen und der atheistischen Firma. Die erste Firma verlangt eine engagierte Mitarbeit und gibt als Entlohnung an: mehr Glück und Freude als wir uns überhaupt vorstellen können. Die Zahlung erfolgt zwar nicht pünktlich zum Monatsersten, wird aber nach dem Ruhestand endlos fortgesetzt. Wer kein Engagement zeigt, bekommt die Kombipackung Schmerz, Verzweiflung und Einsamkeit – ebenfalls unbefristet.

Hm, das sieht erstmal nach einem Haufen Stress aus. Sehen wir uns vor Vertragsunterzeichnung lieber noch mal die Konkurrenz an …

Unsere Mitarbeiter müssen gar nichts tun, bekommen aber auch nichts.

Hm, auch nicht ganz das, was uns vorschwebt. Eine Kombination aus Gehalt der ersten Firma und Anforderung der zweiten wäre nicht schlecht …

3. Es gibt nur eine Firma

Nun, das Bild hinkt, zugegeben. Vor allem aber gibt es in Wirklichkeit nur eine Firma, die andere ist ein Trugbild. Ist die erste Firma (die der Gottgläubigen) die echte, hat der, der sich für die falsche Firma entschieden hat, die volle Wucht der Konsequenzen seiner Entscheidung zu tragen. Ist die zweite Firma die echte, kann sich der Mitarbeiter der anderen Firma abstrampeln, wie er will, er bekommt keinen Lohn.

Welche Firma ist denn nun die echte?

Die Chefs der ersten Firma sagen, wer die Wichtigkeit dieser Frage erkannt hat und brennend interessiert ist an der Antwort, erfüllt schon ein wesentliches Anforderungsprofil und hat sich schon auf eine Art freie Mitarbeit eingelassen. Die Chefs der zweiten Firma haben kein Problem damit, wenn uns diese Frage nicht sonderlich interessiert, denn damit wissen sie uns schon auf ihrer Seite.
Damit finden wir uns in demselben Dilemma wieder, in dem wir schon im ersten Kapitel waren: wir können uns *nicht nicht* entscheiden.

4. Wenn schon, denn schon

Wenn wir also sowieso eine Entscheidung treffen, ob wir wollen oder nicht, dann doch am besten eine, die wohl überlegt ist und zu der wir stehen können. Das hat auch den Vorteil, dass man sich auf Partys oder bei anderen Gelegenheiten, bei denen über das Thema Glaube gesprochen wird, nicht winden und herumeiern oder gar krampfhaft ein anderes Thema herbeisehnen muss: Viele Leute reden in atheistischen Kreisen den Atheisten nach dem Mund und sagen in Anwesenheit von gläubigen Menschen dann verschämte Sätze wie *na dass es noch irgendwas andres gibt, glaub ich ja auch* oder *ich bin da noch irgendwie auf der Suche*. Dabei sollte klar sein, dass ein peinliches Herumeiern weder auf einen intelligenten Gläubigen noch auf einen intelligenten Atheisten besonders höflich oder tolerant wirkt, sondern nur – peinlich eben.

5. Was ist Wahrheit?

Vor der Beantwortung der Frage, welche Firma die Wahrheit sagt, fragen nun bestimmt einige Leute: Kann man denn überhaupt von *der einen* Wahrheit sprechen? Muss das nicht jeder für sich selbst herausfinden? Nun, das sind zwei vollkommen verschiedene Fragen, die ich beide mit ja beantworte. Natürlich gibt es die Wahrheit (wenn nicht, wäre auch der Atheismus weder wahr noch unwahr, und Sie hätten sich dieses Buch nicht gekauft), und natürlich muss jeder für sich selbst herausfinden, was die Wahrheit ist, das kann ich nicht outsourcen und an eine Agentur delegieren, die sich für mich darum kümmert.

Aber es gibt doch so viele Anbieter von Wahrheit, werden einige einwenden: Christen, Juden, Moslems, Atheisten, Agnostiker, Marxisten, Scientologen, Hedonisten, Esoteriker …da ist es doch sogar noch einfacher, sich den passenden Handyvertrag auszusuchen!

Berechtigter Einwand. Es mag sein, dass es für Menschen früherer Zeiten einfacher gewesen ist, sich zu entscheiden, als noch nicht Kirchen, Moscheen, Synagogen und Wellnesstempel in ein und demselben Stadtviertel beheimatet waren.

Aber wer angesichts dieses Überangebots an Anbietern die Wahl komplett verweigert, hat damit bereits wieder eine Wahl getroffen, und zwar nicht im Brustton der Überzeugung, sondern mit einem resignierten Seufzen.

Wenn man allerdings die Frage nach der Wahrheit auf Einzelfragen herunter bricht, ist das Chaos plötzlich gar nicht mehr so groß. Und wenn es tausend verschiedene Religionen und Weltanschauungen gäbe; auf die Frage, ob es einen Gott gibt oder nicht oder ob es ein Leben nach dem Tod gibt oder nicht, kann es nicht tausend verschiedene Antworten geben, auch nicht hundert oder zehn, sondern nur zwei: ja oder nein.

Wie man sich Gott vorzustellen hat, wenn es ihn denn gibt, oder wie ein Leben nach dem Tod aussieht, wenn es eines gibt, sind Fragen, auf die man prinzipiell vielfältige Antworten finden könnte. Aber Gott kann nicht existieren und gleichzeitig nicht existieren, es gibt nur zwei denkbare Antworten; hätten wir hier einen 50:50 Joker, wir hätten die hundertprozentige Wahrheit.

6. Wir basteln uns einen 50:50 Joker

Es gibt also einen Gott, oder es gibt keinen Gott. Ich muss zugeben, mindestens so weit waren Sie, verehrter Leser, vermutlich schon vorher. Lassen Sie uns also versuchen, voran zu schreiten, wir haben ja gesehen, dass wir nicht 999 Schritte, sondern nur einen Schritt von der Wahrheit entfernt sind.

Wir haben zwar keinen 50:50 Joker, der uns das nackte Ergebnis einfach emotionslos vor die Füße spuckt, aber wir können ja versuchen, einen zu simulieren. Wir arbeitet nun ein solcher Joker? Er schließt in unserem Fall, bei nur zwei Antworten, die falsche Antwort aus und basta. Wir brauchen also gar nicht die Wahrheit zu beweisen, sondern es reicht, wenn wir eine der beiden Antwortmöglichkeiten als so abwegig ansehen können, dass nur noch die andre übrig bleiben kann. Fangen wir an aus Sicht des Atheisten.

7. Kann es einen Gott geben?

Wir stellen uns also vor, es gibt einen Gott. Was an dieser Vorstellung ist nun so abwegig, dass der Gedanke zumindest als bis ans Absurde grenzend unwahrscheinlich erscheinen muss?

Atheist: Als erstes könnte einem der Gedanke einfallen, dass niemand Gott sehen kann. Wo soll er denn sein, bitteschön? Wenn jemand auf die Idee kommen würde, durch die Lande zu ziehen mit der Behauptung, ein unsichtbarer Hase wäre in seiner

Begleitung, würde diese Person von allen anderen für grenzdebil gehalten werden.

Glaubender: Wenn aber nun nicht nur einer, sondern *Millionen Leute* anfangen würden, von einem angeblichen unsichtbaren Hasen zu faseln, würden wir dann die Angelegenheit genauso leichtfertig abtun?

Fragen wir also danach, wie viele Leute Gott wenn nicht gesehen, dann doch gehört, gespürt oder sonst irgendwie erfahren haben, und wenn wir vernünftig und gründlich sein wollen, müssen wir auch die Toten mit einbeziehen. Ich kann Dir da jetzt keine genauen Prozentzahlen anbieten, aber wenn wir eine Umfrage machen würden unter allen Menschen, die leben und jemals gelebt haben, ob sie an die Existenz von göttlichen Mächten gleich welcher Art glauben oder geglaubt haben, kämen wir auf eine Prozentzahl von Ja-Stimmen, mit der man im Deutschen Bundestag locker eine Verfassungsänderung durchbekäme.

Atheist: Aber das waren alles noch unaufgeklärte Menschen, das ist doch heute ganz anders.

Glaubender: Falsch. Die einzige Glaubensgemeinschaft von bedeutsamer Größenordnung, die in den letzten Jahren an Mitgliedern verloren hat, ist die der Atheisten. Alle Großreligionen haben, global gesehen, Anhänger hinzugewonnen.

Wir müssen festhalten, an diesem Punkt haben wir keinen Erfolg gehabt. Holen wir zum nächsten Schlag aus.

Atheist: Wenn es einen Gott gäbe, würde er nicht so viel Leid auf der Welt zulassen.

Glaubender: Puh. Dieses Argument ist kein Argument für eine beschwingte, gewitzte Kaffeehausdiskussion, sondern an dieser Frage klebt millionenfaches Blut, unsagbares Leid, das keiner einfach mit einem Federstrich hinwegwischen kann. Wie kann Gott die bestialischen Quälereien in Konzentrationslagern der Nazis, stalinistischen Gulags oder Foltergefängnissen eines Pol Pot zulassen?

Diese Frage ist mehr als berechtigt. Und wenn jemand, der von diesen Gewaltexzessen betroffen war und auf dem Grund seiner Existenz dieses Warum gen Himmel geschrieen hat, bei dem Warum stehen bleiben will und keine Versuche eines Darums hören will von jemandem wie mir, der noch nichts Schlimmeres als einen Stromausfall erlebt hat, muss und kann und will ich das respektieren. Alle anderen aber, die wie ich Nichtbetroffene sind, sollten sich davor hüten, dieses selbst nicht durchlittene Warum der Bequemlichkeit halber zu übernehmen. Wenn es einen Gott gibt und wenn dieser Gott von *mir* Rechenschaft fordert, werde ich mit – noch so berechtigten – Entschuldigungen *anderer Menschen* nicht punkten können. Wenn das Leid anderer Menschen mich aber so sehr in Mit-Leidenschaft zieht, dass dieses Warum *meine eigene Frage geworden ist*, wird mir der Oberchef der ersten Firma, wenn sie denn die wahre ist, ein glänzendes Arbeitszeugnis ausstellen.

Für alle Nichtbetroffenen halte ich nun das Plädoyer für die Annahme eines Gottes trotz des Leides in der Welt mit zwei Argumenten, einem allgemein philosophischen und einem theologischen, bezogen auf zwei Arten von Leid, dem von Menschen hervorgerufenen und dem unerklärlichen Leid.

Zunächst zu dem von Menschen begangenen Unrecht: Wenn ein Mensch ein Messer auf einen anderen niedersausen lässt; was soll Gott, wenn es ihn gibt, nun machen? Ihm das Messer aus der Hand reißen? Es zu einem Wattebäuschchen umformen? Dann müsste er das immer und überall machen. Müsste er dann nicht auch die verbale Kränkung, die seelische Schäden hinterlässt, in ein blumiges Kompliment umwandeln, noch ehe sie das Ohr des Angesprochenen erreicht? Kurz: Nichts, aber auch rein gar nichts dürften wir selbst entscheiden und in Freiheit ausführen. Wir wären so menschlich wie ein Teddybär. Wir hätten keine Freiheit.

Atheist: Brauchen wir denn überhaupt Freiheit, wenn wir damit so sträflich umgehen?

Glaubender: Gott kann nicht anders, als uns unsere Freiheit zuzugestehen. Er liebt uns. Und Liebe ist untrennbar mit Freiheit verbunden. Die Mutter, die ihr Kind total verhätschelt und nicht auf eigenen Beinen stehen sehen will, offenbart kein Zuviel an Liebe, sondern einen Mangel an Liebe. Sie will ihr Kind nicht hergeben, ihm seine Freiheit nicht erlauben. Da aber Gott die Liebe ist, kann er nur aus dem Wesen der Liebe heraus handeln. Er ist bei weitem nicht allmächtig in dem Sinne, dass er alles tun kann, was denkbar ist. Die allergeringste Bosheit würde er nicht auf die Reihe bekommen.

Atheist: Okay, was aber ist mit dem unerklärlichen Leid? Warum ist meine Nachbarin beispielsweise plötzlich schwer erkrankt? Was soll das? Kann Gott nicht wenigstens die Krankheiten aus dem Spiel nehmen?

Glaubender: Ein Satz, der heute überall auf breiteste Zustimmung stößt, ist folgender: Das Wichtigste ist doch, dass man gesund ist.

Dabei frage ich mich jetzt: Und wenn ich nicht mehr gesund bin? Wenn ich krank, alt, leistungsunfähig geworden bin? Und damit rede ich nicht über Deinen Opa oder über Deine Nachbarin, ich rede über Dich und mich. Sind wir dann nichts mehr wert? Angesichts der demographischen und volkswirtschaftlichen Katastrophe, die sich anbahnt, wird diese Frage immer lauter gestellt werden und das, wie es bald heißen wird, bitteschön »ohne falsche Tabus und ideologische Scheuklappen«.

Atheist: Schön und gut, aber zurück zur Frage, wozu sind diese Krankheiten da?

Glaubender: Durch alles, was wir sehen, hören, fühlen oder sonst wie wahrnehmen, spricht Gott zu uns. Nichts davon ist Zufall. Ein gläubiger Autor hat einmal geschrieben: Der einzige Zufall, den es gibt, entsteht dann, wenn eine Dachluke zufällt. Dann kann man von einem Zu-fall sprechen, sonst nie. Mit anderen Worten: Alles, was uns widerfährt, ist Gottes Sprache, an uns Menschen gerichtet. Und Gott will nichts anderes als uns überreich beschenken mit ewiger Glückseligkeit. Er kann uns aber nicht zwingen (Stichwort Freiheit, das hatten wir schon), nur versuchen, sich uns mitzuteilen. Dazu stehen ihm unzählige Möglichkeiten offen, nur keine, die uns unserer Freiheit berauben würden.

Atheist: Das klingt eher nach Sonntagspredigt als nach einer Antwort auf meine Frage…

Glaubender: Okay, gehen wir ganz konkret von einem seiner vielen Schäfchen aus, das sich fürchterlich verirrt hat und auf einen Abgrund zurast. Da wird Gott vielleicht zunächst leise säuseln: psst!pass auf!daisteinabgrund!

(Genau im Blickwinkel des Schäfchens steht in der Bücherei ein Buch, das dem Schäfchen etwas Wichtiges mitzuteilen hat. Das Schäfchen denkt sich aber: Ach nee, das interessiert mich jetzt nicht so, außerdem hab ich gerade sooo viele andere Dinge zu erledigen.)

Gott gibt aber nicht auf und sagt etwas lauter, etwa in Zimmerlautstärke: Halt, pass auf! Da vorne ist der Abgrund!

(Gott versetzt das Schäfchen in eine Gesprächssituation mit einem anderen Menschen, der plötzlich über religiöse Dinge redet, und zwar aus einer Perspektive, die dem Schäfchen bisher fremd war. Aber auch das verläuft im Sand. Darüber werde ich vielleicht noch mal nachdenken, wenn der passende Moment gekommen ist, denkt sich das Schäfchen.)

Und unser Schäfchen rast noch immer auf den Abgrund zu, es steht noch drei Schritte davor. Gott wartet noch die nächsten beiden Schritte ab, ob das Schaf nicht vielleicht doch noch die Kurve kriegt, doch dann, das Schaf ist mit dem Oberkörper schon über dem Abgrund, schreit Gott plötzlich: HALT! DA IST DER ABGRUND!

(Und das Schäfchen findet sich im Krankenhaus wieder und kann erstmal keinen einzigen Schritt mehr tun und hat neue Zeit gewonnen, vielleicht doch einmal darüber nachzudenken, was dieser komische Typ von neulich sagte.)

Atheist: Na, das war ja mal eine putzige Geschichte, nur schade, dass sie so gar nicht zur Realität passen will. Oder liegen etwa nur verirrte Schäfchen im Krankenhaus?

Glaubender: Nein, natürlich nicht. Vielleicht ist der Patient im Krankenhaus aber gar nicht selbst das verirrte Schaf, sondern seine Mutter oder sein Vater, sein Freund oder seine Schwester. Die müssen ja jetzt auch alle urplötzlich ins Krankenhaus und sich über ganz andere Dinge Gedanken machen als noch eine Sekunde bevor der Anruf aus der Klinik kam. Und vielleicht geht die Geschichte auch ganz anders. Aber deutlich wurde auf jeden Fall, dass Gott manchmal eine verdammt laute Stimme braucht.

Atheist: Hm, ich bin zwar nicht ganz zufrieden, aber dass all diese Argumente einen Sinn ergeben *könnten*, wenn es denn einen Gott *gäbe*, das kann ich nicht für gänzlich hirnverbrannt erklären.

Kommen wir also zum nächsten Punkt.

Atheist: Ist der Glaube an Gott nicht, wie Ludwig Feuerbach und Karl Marx gesagt haben, einfach nur Opium fürs Volk?

Glaubender: Wenn es keinen Gott gäbe, würde ich sagen: ja. Wenn es aber einen Gott gibt, hat sich die Frage bereits erledigt.

Atheist: Wie bitte? Das ist doch keine Antwort auf die Frage!

Glaubender: Okay, pass auf: Was meinten Marx und Feuerbach mit der Formel Opium fürs Volk? Sie gingen davon aus, dass diejenigen Menschen, denen es im Diesseits schlecht geht, *wünschen*, es gäbe nach dem Tod ein jenseitiges Leben, das sie für das Leid hier auf Erden gewissermaßen entschädigt. Und da es sich um keine bewiesene Annahme, sondern nur um einen *Wunsch* handelt, erklärten Marx und Feuerbach diesen zum Hirngespinst, das sich die Mächtigen zu eigen machten, um die Benachteiligten davon abzuhalten, schon hier auf Erden ihr Recht einzufordern.

Atheist: Genau!

Glaubender: Dieses Argument klingt zwar auf den ersten Blick plausibel, beantwortet aber nicht unsere Frage. Es beantwortet nicht die Frage, ob es einen Gott gibt, sondern nur die Frage, warum Menschen an einen Gott glauben wollen, obwohl es keinen gibt. Die Entscheidung, ob es einen Gott gibt oder nicht, haben Marx und Feuerbach also längst getroffen, *bevor* ihr Argument zur Geltung kommt.

Wenn ihr Argument tatsächlich auf unsere Frage angewendet würde, lautete die Beweisführung wie folgt: Menschen wünschen sich einen Gott, Wünsche entsprechen nicht der Realität, ergo gibt es keinen Gott. Alles, was ich mir wünsche, bekomme ich also allein deshalb nicht, *weil* ich es mir wünsche.

Wenn das funktionierte, würde ich mir jedes Jahr wünschen, dass der FC Bayern München Deutscher Meister wird, um die Bundesliga wieder etwas spannender zu gestalten. Oder ich würde mir wünschen, *nicht* im Lotto zu gewinnen, damit -

Atheist: Ja, ist ja gut, ich hab's kapiert.

Nächster Versuch.

Atheist: Steht der Glaube an Gott nicht im Widerspruch zu den Ergebnissen der modernen Wissenschaft?

Glaubender: Wenn wir die Ergebnisse der Naturwissenschaften hier anwenden wollen, müssen diese Ergebnisse ja dergestalt sein, dass sie die Annahme eines Gottes entweder als unmöglich oder als extrem unwahrscheinlich entlarven.

Atheist: Ja, tun sie das denn nicht?

Glaubender: Die Naturwissenschaften arbeiten auf der Grundlage eines *methodischen Atheismus:* Sie tun so, als ob es keinen Gott gibt und versuchen, ungeklärte Fragen allein aus der Beobachtung der Naturgesetze zu erklären. Das ist vollkommen legitim. Würde jeder Naturwissenschaftler bei jedem auftauchenden Problem sofort sagen *das hat Gott so gemacht,* könnte man sich alle Forschung gleich sparen.

Atheist: Genau.

Glaubender: Das Problem ist nun, dass der methodische Atheismus ein Konstrukt ist, das es in Wirklichkeit nicht gibt. Kein Wissenschaftler ist nämlich nur Wissenschaftler, sondern in erster Linie ein

Mensch. Und wie es kein so-tun-als-ob-Leben gibt, gibt es auch keinen Wissenschaftler, der nur so tut, als gäbe es keinen Gott und der nicht darüber hinaus eine *tatsächliche* Meinung zu diesem Thema hätte, die ihn natürlich beeinflusst. Aber kommen wir zurück zur Arbeit des Forschers.

Verlaufen nun im positiven Extremfall alle seine Beobachtungen, Experimente und Schlussfolgerungen erfolgreich, kommt er zu einer Theorie, die Gott als Hypothese nicht mehr notwendig braucht, richtig?

Atheist: Richtig.

Glaubender: Was beweist das nun in Bezug auf die Existenz oder Nichtexistenz Gottes?

Atheist: Ich kann mir denken, worauf Du hinaus willst. Du willst jetzt bestimmt behaupten, dass die Menschen erforschen können, was sie wollen, sie aber niemals beweisen können, dass es Gott nicht gibt, da ja jede Form von Wirklichkeit, die sie vorfinden, von Gott genau so hätte gedacht und geplant worden sein können.

Glaubender: Wäre das denn eine falsche Aussage?

Atheist: Nein, aber das ist mir zu billig und zu kindisch. Ich kenne diese Art der Argumentation: Immer, wenn eine neue wissenschaftliche Erkenntnis den Schöpfungsglauben erschüttert, heißt es: Dann hat eben Gott dieses Gesetz aufgestellt. Das geht bis hin zum Urknall. Wenn alle Wissenschaftler der Welt sich über den Urknall einig wären, sagt man einfach, dass Gott den Urknall ausgelöst hat und ist mit seinem Gottesglauben wieder aus dem Schneider. Gegen solche Leute kann man nicht argumentieren.

Glaubender: Ich bin mir nicht sicher, ob ich Dich richtig verstanden habe. Hast Du nun gesagt, das Argument ist falsch, oder hast Du gesagt, das Argument ist billig und kindisch?

Atheist: Bitte?

Glaubender: Diese Sprachverwirrung finden wir heute überall. Ich will das mal mit einem Beispiel verdeutlichen. Neulich sagte ein Politiker: *Wir brauchen wieder mehr Kinder.* Eine (kinderlose) Politikerin, mit dieser Aussage konfrontiert, antwortete: *Das ist mal wieder typisch. Jetzt sollen die Frauen wieder mehr Kinder kriegen. Das ist doch totale Mottenkiste.* Mit Mottenkiste meinte sie natürlich alt, konservativ, altmodisch. Sie ist also der Frage, ob wir wirklich mehr Kinder brauchen, dadurch aus dem Weg gegangen, dass sie die Kategorie wahr/falsch oder sinnvoll/sinnlos durch die Kategorie modern/altmodisch ersetzt hat. Hätte sie gesagt, es sei *sinnlos*, mehr Kinder zu bekommen, hätte sie für jeden ersichtlich ihre Inkompetenz in Fragen der Demographie und Volkswirtschaft verraten und einiges mehr über ihren Charakter. So hat sie stattdessen lieber auf eine Frage geantwortet, die nie gestellt worden ist. Man kann das überall beobachten. Forderungen werden abgewiesen, nicht weil sie sinnlos sind, sondern weil sie *konservativ* oder *unmodern* sind, Parteiprogramme werden gelobt, nicht weil sie sinnvoll, sondern weil sie *progressiv, zeitgemäß* oder gar *kühn* sind. Wenn mir die Meinung meines politischen Gegners nicht passt, ich aber nicht nachweisen kann, dass sie falsch ist, sage ich stattdessen einfach, sie sei unmodern und erziele denselben Effekt.

Darum frage ich Dich noch einmal: Ist das Argument, das Du nanntest, kindisch und billig, oder ist es tatsächlich unwahr?

Atheist: Nun, ich habe zwar immer noch den Eindruck, dass dieses Argument irgendein Trick und damit ein Scheinargument ist, aber kein Wissenschaftler der Welt kann eine Theorie verkünden, die die Fragen *wer hat das geplant?* und *was war davor?* unmöglich machen würde, da hast Du recht.

Glaubender: Eben. Aber zu Deiner Beruhigung sei gesagt, dass ich mich auch nicht mit diesem Argument begnüge; Wissenschaftler können nämlich mit all ihren Methoden, Experimenten, Zahlen und Versuchsreihen auch ganz andere, viel einfachere Fragen nicht beantworten. Stell Dir beispielsweise[1] einmal vor, Deine Mutter hätte Dir zu Deinem Geburtstag einen Kuchen gebacken. Nun sind die bedeutendsten Wissenschaftler aller naturwissenschaftlichen Disziplinen aufgefordert, diesen Kuchen zu untersuchen. Die Trophologen können uns Auskunft geben über die Kalorien in dem Kuchen, die Biochemiker über die Proteine, die Physiker über die Teilchen usw. Wenn man nun alles, was die verschiedenen Disziplinen analysiert haben, zusammen trägt, kann man dann mit Hilfe dieser Ergebnisse alle denkbaren Fragen über diesen Kuchen beantworten?

Atheist: Die Frage, wie er schmeckt, dürfte für Naturwissenschaftler schwer zu beantworten sein …

Glaubender: Dann versuchen wir es mit einer anderen Frage: Wer hat den Kuchen gebacken?

Atheist: Da müssten die Wissenschaftler mich wohl fragen …

Glaubender: Eine weitere Frage: Warum wurde er gebacken?

Atheist: Du hast Recht, derlei Fragen sind für die Naturwissenschaft nicht zu beantworten.

Glaubender: Könnten sie denn diese Fragen beantworten, wenn sie noch mehr know how und ein noch tieferes Verständnis ihrer jeweiligen Bereiche hätten?

Atheist: Nein, Fragen dieser Art sind für Naturwissenschaften grundsätzlich unbeantwortbar.

Glaubender: Genau. Und viele Wissenschaftler sind so redlich, die Grenzen ihrer Arbeit einzuhalten. Aber es gibt Wissenschaftler, deren Ehrgeiz so weit geht, dass sie behaupten, dass alles, was durch Naturwissenschaft nicht erforscht werden kann, die Menschheit nicht wissen könne. Die logische Konsequenz dessen wäre beispielsweise die Abschaffung aller Fakultäten, die sich mit Kunst, Musik, Literatur, Soziologie, Recht etc befassen. Wie soll denn die Chemie Mozart für ein Genie erklären? Wie soll die Biologie beurteilen, dass nicht jeder Schüler, der abstrakt zu malen versucht, eben so talentiert ist wie Kandinsky? Anhand welcher Messreihen soll die Physik erkennen, dass Steuerhinterziehung strafbar ist?

Die Konsequenz für unser Beispiel wäre, dass es unmöglich sei, herauszufinden, wer warum diesen Kuchen gebacken hat – obwohl jedes sechsjähriges Kind das bewerkstelligen könnte.

Ganz nebenbei bemerkt: Der Satz *Nur mit Hilfe der Naturwissenschaften können wir zur Wahrheit gelangen* ist ein Widerspruch in sich, da diese vermeintliche Erkenntnis selbst nicht durch die Naturwissenschaften ermittelt werden kann!

Aber Wissenschaftler, die behaupten, dass man eigentlich nur dann Wissen gewinnen kann, wenn man, salopp gesagt, Atome zählt, tun eigentlich nichts anderes als alle anderen Leute, die die Existenz einer schöpferischen Intelligenz leugnen, sie tun es mit Hilfe ihres Wissens und ihres Instrumentariums nur konsequenter. Und je konsequenter ein Irrtum vertreten wird, desto augenscheinlicher wird er. Sagt jemand einfach, Gott existiere nicht, ist es schwer, diese Aussage als Irrtum zu entlarven. Denkt er seinen Materialismus konsequent zu Ende und sagt, alle sinnvollen Fragen sind nur durch Zählen, Messen und Wiegen zu beantworten, leuchtet der Irrtum schnell ein, wie unser Kuchenbeispiel gezeigt hat. Es gibt mittlerweile Hirnforscher, die den Materialismus so radikal denken, dass sie den Menschen nur als Ansammlung von physikalischen, biochemischen Prozessen sehen und ihm jeglichen Geist absprechen; mit anderen Worten, sie benutzen ihren Intelligenz, um zu beweisen, dass es keine Intelligenz gibt. In diesem Zusammenhang habe ich den sophistisch klingenden Satz gehört: *Es gibt nur Handlungen, keine Handelnden.* Soll heißen: Unsere Handlungen sind nicht Folge eines in Freiheit gefassten Beschlusses, sondern geschehen aufgrund unserer anatomischen Verfasstheit zwangsläufig. Hierzu eine Anekdote: Ein armer Schlucker, der nicht einmal hundert Euro sein Eigen nennen kann, findet eines Tages auf seinem Kontoauszug eine Million Euro vor, die ihm eine entfernte Erbtante überraschend vermacht hat. Direkt am nächsten Tag geht er zu einem Luxusautohändler und kauft sich einen Lamborghini für 180.000 Euro.

Unserem Hirnforscher stehen jetzt nur zwei Möglichkeiten der Erklärung zur Verfügung, warum der arme Schlucker sich dieses Auto kauft:

1) Er hätte es an diesem Tag, Erbschaft hin oder her, mit welchem Geld auch immer, sowieso getan.
2) Der Vorgang des Geldtransfers, also allein die virtuelle Änderung einer Zahl auf dem Bankcomputer, hat die körperliche Verfasstheit des armen Schluckers dermaßen verändert, dass er sich plötzlich einen Wagen kauft, dessen Namen er noch am Vortag nicht einmal hätte buchstabieren können.

Es fällt schwer zu entscheiden, welche der beiden Antwortmöglichkeiten die Lächerlichere ist.

Ein derart radikal gedachter Materialismus führt dazu, dass das Denken selbst ersetzt wird durch elektrochemische Vorgänge; die Vertreter dieser Annahme zerstören also den Ast, auf dem sie selber sitzen: hätten sie Recht, könnten sie es gar nicht wissen, denn keine ihrer Behauptungen wären mehr Teil einer rationalen Diskussion, sondern nur einzelne sinnlose Ereignisse im Nervennetz ihres Gehirns.

Wenn wir also jemanden derartige Theorien verkünden hören, dürfen wir die Behauptungen dieses Menschen ruhig als sinnentleertes Geschwafel abtun – seiner eigenen Argumentation folgend!

Atheist: Okay, Du hast mich überzeugt. Aber eine Frage habe ich noch zu diesem Thema: Neuerdings gibt es einige Wissenschaftler, die behaupten, ein so genanntes »Gottesgen« gefunden zu haben oder vorgeben zu wissen, wie spirituelle Vorgänge im Gehirn ablaufen. Wäre das nicht ein vernichtender Schlag gegen den Gottesglauben, wenn man mit dieser Forschungsarbeit sozusagen nachweisen könnte, dass nicht Gott den Menschen erschaffen hat, sondern umgekehrt der Mensch Gott?

Glaubender: Gegenfrage: Wenn Du in die Sonne schaust und man diesen Vorgang physikalisch im Nervennetz Deines Gehirns nachweisen kann, hat man dann damit den Sitz der Sonne in den menschlichen Körper verlagert? Beweist man damit, dass außerhalb Deiner selbst keine Sonne existiert?

Atheist: Nein, Du hast Recht, natürlich nicht.

Glaubender: Man könnte, wenn sich diese Forschungsergebnisse festigen sollten, im Gegenteil eher fragen, wozu ein solches Gen oder ein Spiritualitätszentrum im menschlichen Körper denn da ist, wenn Gott nicht existiert.

Die Angriffe des Atheisten konnte der Glaubende also allesamt abwehren, manche mehr, manche weniger überzeugend, aber alle doch so, dass es nicht nötig war, eine grotesk erscheinende Unwahrscheinlichkeit zu Hilfe zu nehmen. Bevor der Glaubende jetzt allerdings den Sekt kalt stellen kann, muss er erstmal selbst einen entscheidenden Treffer landen. Hören wir ihm zu.

8. Kann es eine Welt ohne Gott geben?

Glaubender: Wäre die gesamte Menschheitsgeschichte ohne einen Gott nicht ein schlechter Scherz?

Atheist: Wie meinst Du das?

Glaubender: Nun, wenn wir beispielsweise die letzten zweitausend Jahre der abendländischen Geschichte Revue passieren lassen, sehen wir, dass diese nicht nur auf der Annahme eines Gottes beruht, sondern ganz konkret davon Zeugnis gibt, dass vor 2000 Jahren ein Mensch gelebt hat, der Gottes Sohn ist. Die älteste und größte Institution der Menschheit ist die Katholische Kirche, und die erhabensten menschlichen Kunstwerke im Bereich Architektur, Sprache, Musik, Malerei etc. sind von dem Glauben an Gott inspiriert. Ist es da nicht absurd anzunehmen, all diese Leute wären den Ammenmärchen eines ungebildeten Fischervereins in einer entlegenen Provinz des längst untergegangenen Römischen Reiches auf den Leim gegangen?

Atheist: Ich habe nie behauptet, dass die Geschichte der Menschheit eine einzige Erfolgsstory ist. Und wenn man so will, ist es tatsächlich beschämend für die menschliche Vernunft, dass die weltanschaulichen Vorstellungen, die vor zweitausend Jahren entwickelt wurden, so lange Bestand hatten. Aber das gilt ja nicht nur für das Christentum. Lange Zeit, bevor der Mensch Jesus von Nazareth gelebt hat, glaubten die Leute ja noch an eine Vielfalt von Göttern oder sogar daran, dass alle Dinge, die wir sehen, von irgendwelchen Geistern beseelt waren. Die ersten Menschen, die Naturphänomene wie Blitz und Donner erlebten, hatten natürlich noch nicht unseren Wissensstand und mussten dahinter zwangsläufig irgendwelche Götter vermuten. Von daher würde ich die Religionen, die nur an *einen* Gott glauben, sogar als einen

Fortschritt ansehen, allerdings als einen, der durch die Aufklärung wiederum selbst abgelöst wurde.

Ich bin zwar ganz und gar anderer Meinung, sagt der Glaubende, wenn es allerdings tatsächlich keinen Gott geben sollte, wäre diese Erklärung nicht ganz unlogisch. Nächster Punkt.

Glaubender: Brauchen wir nicht einen Gott und unhinterfragbare göttliche Wahrheiten, damit nicht an Stelle göttlicher Wahrheiten menschliche Ideen entwickelt werden, die die Welt in Chaos und Gewalt stürzen?

Atheist: Erklär das bitte näher.

Glaubender: Okay. Schauen wir uns die erste Hälfte des zwanzigsten Jahrhunderts an. Da sehen wir zwei totalitäre Systeme, im Westen den Nationalsozialismus, im Osten den Kommunismus, Hitler und Stalin. Ich möchte jetzt als gläubiger Mensch eine Frage aufwerfen, die trotz der Tatsache, dass im Fernsehen permanent Dokumentationen über die Nazizeit und den Zweiten Weltkrieg laufen, so nie gestellt wird: Was ist das Gemeinsame dieser beiden Systeme?

Atheist: Na, beide waren extrem grausam und haben Andersdenkende brutal unterdrückt.

Glaubender: Das ist zwar korrekt, beschreibt aber nur das äußere Vorgehen, keine inhaltliche Übereinstimmung.

Atheist: Inhaltlich waren die ja auch sehr weit auseinander.

Glaubender: Politisch gesehen magst Du da Recht

haben, aber auf einer tieferen Ebene gibt es eine bemerkenswerte Übereinstimmung.

Atheist: Na, da bin ich jetzt ja mal gespannt.

Glaubender: Beide Systeme zeichnen sich aus durch einen radikalen Nihilismus (es gibt keine einzige Handlung, die *in sich* schlecht ist, so lange sie nur zum Wohl der jeweiligen Rasse oder Klasse geschieht) und durch die totale Auflehnung gegen Gott. Nur gehen sie dabei auf verschiedene Weise vor: Der Stalinismus wollte alles Göttliche und Religiöse schlichtweg ausradieren, der Nationalsozialismus hingegen wollte sich selbst an die Stelle der Religion setzen.

Stalin ließ zehntausende Geistliche brutal ermorden und Kirchen niederbrennen. Im Dritten Reich wurde zwar auch jeder dritte katholische Priester Opfer von staatlichen Zwangsmaßnahmen, aber Hitler, der sehr empfänglich war für okkultes und esoterisches Gedankengut, wollte die Elemente von Religion, die ihm nützlich erschienen, von den christlichen Inhalten trennen (Nächstenliebe, Barmherzigkeit und Mitleid waren ihm ein Gräuel, weil angeblich Beweis von Schwäche) und so eine neue Religion erschaffen. Kruzifixe zeigten nicht mehr einen leidenden Juden, sondern einen heroischen Arier. Parteitage wurde wie eine Messe inszeniert und in Albert Speers »Lichtdom« abgehalten, Himmler baute die SS-Organisation nach den Grundsätzen des Jesuitenordens auf und Hitler selbst sollte, so war der Plan, posthum durch mysteriöse Verschleierung seiner Herkunft und seines Todes zum neuen Messias aufgebaut werden.

Wenn Gott also abgeschafft wird, setzt sich der

Mensch an seine Stelle und entscheidet auch über Menschenrechtsfragen immer nur anhand der herrschenden Ideologie. Das Recht, die Würde und die Gleichheit aller Menschen sind ja auch nur mit dem Begriff der Gottesebenbildlichkeit des Menschen umfassend und für wirklich alle Menschen gültig zu begründen. Wenn atheistische Philosophen die Menschenrechte begründen wollen, bleiben immer Menschen übrig, die aus dem Raster fallen. Wenn der Wert eines Menschen sich nach dem australischen Philosophen Peter Singer aus seiner Fähigkeit zum Selbstbewusstsein und zur Rationalität ergibt oder wenn die Menschenrechte nach Jürgen Habermas in einem Diskurs erst noch ermittelt werden müssen, bleiben alle Menschen, die diese Zulassungskriterien nicht erfüllen, wie Babys (ungeboren und geboren), geistig Behinderte oder Demente, ausgeschlossen (in den Niederlanden ist man bereits so weit, diese Personengruppen teilweise ohne deren Einverständnis zu töten).

Atheist: Aber es gibt auch philosophische Denkweisen, die jedem Menschen, auch Babys und Behinderten, einen unbedingten Wert einräumen. Immanuel Kant spricht doch beispielsweise davon, dass jeder Mensch ein *Zweck an sich* ist und nicht als *Zweck für* etwas anderes betrachtet werden darf.

Glaubender: In dem Punkt ist Kant auch unbedingt zuzustimmen. Aber wie viele Kantianer kennst Du, die versuchen, ihr ganzes Leben konsequent gemäß dem Denken Immanuel Kants auszurichten, immer wieder seine Schriften lesen und auslegen, versuchen eine Beziehung mit ihm zu führen und jeden Sonntagmorgen in eine Kantvorlesung gehen? Es reicht nämlich nicht, eine Wahrheit theoretisch anzuerkennen, man muss sie leben. Noch ein Satz zu dem von Dir angesprochenen unbedingten Wert eines jeden Menschen: jede Diktatur, egal ob von rechts oder von links, setzt, um Menschenrechtsverletzungen innerhalb des eigenen Systems zu rechtfertigen, den Wert des Individuums zugunsten der Rasse oder Klasse herab (KZ-Schergen wurde befohlen, getötete Juden nicht als Leichen, sondern als *Lappen* zu bezeichnen).

Welche Auffassung vom Menschen widerspricht nun diesem grausamen Menschenbild am meisten? Diejenige, die sagt, dass der Mensch Produkt des Zufalls ist, etwa siebzig Jahre lang mehr oder weniger sinnlosen Beschäftigungen nachgeht, um dann in der Erde verscharrt und von Würmern zerfressen zu werden oder diejenige, die davon ausgeht, dass jeder Mensch von Gott gewollt und geliebt ist und über eine unsterbliche Seele und damit unendlichen Wert verfügt?

Atheist: Wie Du selber in Deiner Frage angedeutet hast, sagt all das nur aus, dass ein Gott vielleicht manchmal gut gebraucht werden könnte, nicht aber, dass es ihn tatsächlich gibt. Es ist wie bei Marx und Feuerbach, nur diesmal umgekehrt: ein Wunsch oder ein Bedürfnis beweist nicht die Nichtexistenz, aber eben auch nicht die Existenz eines Gottes.

Glaubender: Da hast Du leider Recht. Probieren wir es mit einer anderen Frage. Das Thema meiner letzten Frage dürfte Dir bekannt vorkommen, es ist im Grunde nämlich identisch mit dem Thema Deiner letzten Frage.

Wer hat die Welt und das Universum geplant, wenn nicht Gott?

Atheist: Keine Ahnung. Vielleicht gibt es keinen Plan. Vielleicht ist alles zufällig entstanden.

Glaubender: Moment, bei dem Wort Zufall müssen wir vorsichtig sein. Nicht alles, was zufällig passiert, passiert ohne Absicht. Und wenn es eine Absicht gibt, muss es einen Jemand geben, der diese Absicht hatte. Wenn ich beim Mensch-ärgere-dich-nicht-Spiel zehn Mal hintereinander eine sechs würfele, kann man von einem Zufall sprechen. Aber kann man deswegen auch sagen, die Würfel wären ohne Absicht geworfen worden?

Atheist: Nein, die Absicht war da, den Würfel zu werfen, nur wusstest Du vorher nicht, welche Zahl kommt.

Glaubender: Aha. Wenn ich also sage, das Universum sei zufällig entstanden, habe ich damit die Vorstellung eines Planers keineswegs aus dem Spiel genommen, sondern nur aus einem exakt planenden Schöpfer einen Schöpfer gemacht, der die Dinge nicht so genau nimmt. Die Frage, wer für diesen Zufall verantwortlich ist, bleibt. Schließlich ist das erste große Rätsel bei der Betrachtung der Natur die Frage, warum überhaupt irgendetwas da ist. Und wenn ich mir das Universum, unseren Planeten und unseren Körper näher anschaue, scheint mir da jemand nicht nur die beste von sechs Möglichkeiten getroffen zu haben, sondern die vielleicht einzig Sinn ergebende Möglichkeit (Einstein: »Gott würfelt nicht«) unter Billiarden von Optionen.

Atheist: Aber das beweist doch jetzt nicht Gott?

Glaubender: Nein, das tut es nicht. Klar ist nur, dass eine Theorie vom Zufall, sollte sie stimmen, nur zu erklären versuchen kann, wie die Dinge sich entwickelt haben mögen, *nachdem* sie einmal da waren. Selber etwas erschaffen kann der Zufall genauso wenig wie die *Art und Weise* unserer Unterhaltung sich selbst als dritte Person in unser Gespräch einschalten kann. Der Zufall ist, grammatikalisch gesprochen, niemals Subjekt (sondern Adverb oder adverbielle Bestimmung). Wenn ich nun also beabsichtige, das *Wie* der Ausgestaltung und Entwicklung der Dinge mit dem Zufall begründen zu wollen, brauche ich immer noch einen *Wer*, der die Dinge selbst zunächst ins Leben gerufen hat.

Atheist: Muss das zwangsläufig Gott sein?

Glaubender: Nein, zumindest theoretisch gibt es die Möglichkeit, das Objekt selbst zum Subjekt zu machen, indem man annimmt, die Dinge hätten sich *von selbst* geschaffen.

Atheist. Hm, klingt irgendwie seltsam.

Glaubender: Ja, aber das ist zunächst eine ernst zu nehmende These. Wäre sie wahr, bräuchten wir keinen Gott. Und für den Fall, dass sie wahr wäre, würde ich nun auch nicht sagen: Na, dann war es eben Gott, der die Dinge sich selbst erschaffen ließ. Nein, in diesem Fall würde ich aufhören, an einen Gott zu glauben.

Atheist: Jetzt kommt bestimmt das große Aber …

Glaubender: Ich würde wohl einen schlechten Job machen, wenn ich *dazu* nun nichts zu sagen hätte...

Jeder mag sich doch jetzt bitteschön einmal die

Frage stellen, wie oft wir in unserem alltäglichen Leben Erfahrungen mit *sich selbst erschaffenden Dingen* machen. Wenn wir ein Buch sehen, denken wir dann etwa: *Mensch, da ist wohl schon wieder eine Druckerei in die Luft geflogen, die bei der Explosion die exakte Anzahl von Buchstaben in genau der richtigen Reihenfolge ausgespuckt hat!*? Oder denken wir, wenn wir einen Brief bekommen: *Herrje, schon wieder einer von diesen sich selbst schreibenden Briefen! Das wird echt lästig in letzter Zeit …*?

Nein. Auch wenn es vielleicht für eine Weile belustigend wäre, denken wir natürlich nicht so. Wenn wir einen Brief bekommen, schauen wir, noch bevor wir überhaupt auf die Idee kommen könnten, er hätte sich von selbst geschrieben, auf die Rückseite, um zu erfahren, *wer* diesen Brief geschrieben hat.

Und das betrifft nicht nur vergleichsweise komplexe Dinge wie ein Buch, das aus hunderttausenden genau angeordneten Zeichen besteht. Auch von einem kleinen Stück Seife, das wir auf dem Waschbecken im Badezimmer unseres Hotels vorfinden, glauben wir nicht, es hätte sich von selbst erschaffen. Im Fall der Seife ist es nicht die Vielzahl der richtig angeordneten Komponenten, die uns eine zielführende Absicht nahe legt, sondern der offensichtliche Nutzen dieses Gegenstandes (das ist bei Büchern von Fall zu Fall unterschiedlich …) sowie die Tatsache, dass die Seife an dem für sie bestimmten Ort liegt.

Wir sehen also: Schlichtweg alles, was irgendeinen Sinn ergibt, was zusammengesetzt ist, was wir am richtigen Ort vorfinden und was eine Funktion hat, ist vorher konstruiert, produziert, gemalt, gezeichnet, geschweißt, programmiert oder gefiltert, gedacht und geplant worden. Selbst wenn wir eine total mickrige, unförmige, allen Gesetzen der Statik trotzende Sandburg sehen, denken wir niemals: *Da hat sich ja mal wieder ein hässlicher Klumpen Sand selbst zusammengeklatscht*, sondern wir denken: *Da hat ja mal* jemand *für fünf Pfennig kein Talent zum Sandburgbauen gehabt.*

Nichts ist nun aber so offensichtlich perfekt organisiert und komplex geplant wie das, was wir in der Natur selbst vorfinden: Selbst die kleinste Bakterienzelle, bestehend aus Abermillionen Atomen, besitzt eine Komplexität, die im Vergleich den modernsten Hochleistungsrechner wie einen Abakus aussehen lässt.

Bei dem kleinen Stück Seife kommen wir nicht im Traum auf die Idee, sie hätte sich von selbst geschaffen. Die gesamte belebte Natur mit ihren zahllosen Wundern und ihren unfassbar komplex aufgebauten Organismen soll sich jetzt aber selbst erschaffen haben?

Atheist: Hm, klingt etwas unwahrscheinlich, aber vielleicht hat die Natur mit Hilfe der Evolution dieses Wunderwerk tatsächlich von selbst vollbracht.

Glaubender: Die Natur hat dieses Wunderwerk vollbracht?

Atheist: Ja, möglich.

Glaubender: Wer ist denn *die* Natur? Ein Elefant, der vor 100 Jahren in Indien gestorben ist? Oder eine Aminosäure? Oder der Stuhl, auf dem Du sitzt? Wer denn?

Atheist: Äh …

Glaubender: Wer sagt, die Natur habe dieses Wunderwerk vollbracht, tut nichts anderes als einen

Schöpfer ins Spiel zu bringen, nur nennt er ihn anders. Aber ein Schöpfer ist eine einheitliche Intelligenzform, was die Natur ganz entschieden nicht ist. Der Elefant in Indien wüsste, selbst wenn er noch leben würde, nichts von diesem Stuhl hier und umgekehrt, und ein Protein in einer Quarktorte kann schwerlich irgendwelche Absprachen mit Flipper treffen. Du selbst könntest nicht einmal in die Hände klatschen, wenn Deine zehn Billionen Zellen irgendwo verstreut herum lägen.

Es ist halt nicht einfach, einen Irrtum konsequent einzuhalten; es besteht die Gefahr, dass man von der eigenen Wortwahl überführt wird. Viele Atheisten sagen immer wieder Sätze wie: *Die Natur hat es wunderbarerweise so angeordnet, dass die Brieftaube immer wieder den Heimweg findet.* Auch wenn man bei der Betrachtung irgendeines Phänomens in der Natur nur das harmlos erscheinende Wort *Bauplan* verwendet, hat man damit bereits einen Planer vorausgesetzt.

Auch viele atheistische Wissenschaftler haben erkannt, dass die Komplexität und Feinabstimmung der Komponenten, die nötig waren, um Leben auf diesem Planeten zu ermöglichen, mit Begriffen wie Zufall, Notwendigkeit und Selbstorganisation der Materie nicht zu erklären sind, sondern nur den Schluss zulassen, dass wir Menschen hier *hingehören*, dass wir *gewollt* sind. Nur, da sie nicht an einen Gott glauben mögen, müssen andere Schöpfer her: Es wird beispielsweise allen Ernstes die These vertreten, wir würden in einer Matrix leben, die Außerirdische gebastelt haben. Oder es wird gesagt, um eine schöpferische Intelligenz eingestehen zu können, aber keinen Schöpfer annehmen zu müssen, eine hyperintelligente *Theorie* hätte das Universum erschaffen. (Ich könnte jetzt noch mal das Spielchen von vorhin spielen und fragen, wer schon mal in einem Flugzeug gesessen hat, das von der Gravitationstheorie konstruiert worden ist oder überlegen, warum um alles in der Welt französische Theorien keine vernünftigen Autos bauen können …)

Aber auch ohne albern zu werden, dürfte klar sein, dass Theorien Gesetzmäßigkeiten nur beschreiben, niemals aber selbst hervorbringen können.

Diese Beispiele verdeutlichen eine Entwicklung, die oft zu beobachten ist: Aus einem *methodischen* Atheismus (ich tu erstmal so, als gäbe es keinen Gott) wird ein *dogmatischer* Atheismus (es kann und darf keinen Gott geben, ich muss eine andere Erklärung finden, koste es, was es wolle). Diese Haltung, schlichtweg alle Hypothesen in Erwägung zu ziehen, so lächerlich sie auch klingen mögen, nur eben nicht die, dass es einen Schöpfer geben könnte (übrigens oftmals ganz bewusst und offen mit der Begründung vorgetragen, man möge diese Vorstellung nicht), ist die Absage an jegliche Form von Objektivität und Unvoreingenommenheit.

Atheist: Das klingt jetzt etwas wissenschaftsfeindlich.

Glaubender: Überhaupt nicht. Viele große Naturwissenschaftler wie Kepler, Pascal, Newton, Mendel, Pasteur, Einstein, Planck, Heisenberg etc. haben an Gott geglaubt, und auch heute gibt es wieder viele Wissenschaftler, die über das Staunen über die Schöpfung zurück zum Schöpfer finden. Zudem halte ich den Beruf des Naturwissenschaftlers für eine wun-

dervolle Möglichkeit, die Gedanken Gottes nachzudenken, denn nichts anderes tun Forscher, die eine
Gesetzmäßigkeit in der Natur entdecken. Gott sollte
nicht verstanden werden als der große Konkurrent der
Naturwissenschaften, sondern als derjenige, der durch
die Verwendung von Plan, Gesetzmäßigkeit und Ord-
nung eine erfolgreiche Forschungsarbeit erst ermöglicht. Schauen wir uns einmal das Wort PLAN an: Da
dem Schreiben dieses Wortes ein Plan voraus ging,
ist es leicht zu entdecken, dass erst der Buchstabe P,
dann der Buchstabe L usw. geschrieben wurde. Sehen
wir statt dieser vier Buchstaben vier Laubblätter, die
plan-los von einem Baum vor unsere Haustür geweht
wurden, können wir nicht nach-denken, in welcher
Reihenfolge diese Anordnung entstanden ist.

Fassen wir also zusammen: Gibt es keinen Schöpfer, müssen sich die Dinge zunächst von selbst erschaffen haben. Da Dinge an sich (also einzelne
Quarks, Atome, Moleküle etc.) über keine planende,
ordnende Intelligenz verfügen und sich nicht zwecks
Absprachen untereinander verständigen können,
muss dann die Entwicklung der Materie des Weiteren zufällig (ohne Plan) vonstatten gegangen sein.
Schauen wir uns die Wahrscheinlichkeit eines Zufalls (nicht der Entstehung, sondern der Entwicklung
der Dinge) anhand von nur zwei von fast beliebig
vielen möglichen Beispielen an:

1) Änderte man beispielsweise die so genannte
   schwache Kernkraft oder die Schwerkraft nur
   um $1:10^{100}$, wäre die Entstehung von Leben im
   Universum nicht möglich gewesen.

2) »Wäre die Expansionsgeschwindigkeit eine Sekunde nach dem Urknall nur um ein Hunderttausendmillionstel Millionstel kleiner gewesen, so wäre das Universum wieder in sich zusammengefallen, bevor es seine gegenwärtige Größe erreicht hätte.«[2]

Das sind, wie gesagt, nur zwei Beispiele; es gibt, um näher bei unserem Planeten zu bleiben, auch zahllose andere notwendige Voraussetzungen für menschliches Leben auf der Erde (die richtige Entfernung zur Sonne, die richtige Entfernung zum Mond, die richtige Anzahl von C-Atomen, Oberflächengravitation und Temperatur müssen genau stimmen, der Planet muss sich mit der richtigen Geschwindigkeit drehen etc.).

Die Wahrscheinlichkeit, dass sich auch nur eine dieser zwei erstgenannten Bedingungen zufällig erfüllt, ist vielleicht (wenn überhaupt) etwa so groß wie die Wahrscheinlichkeit, dass ein Windhauch eine offene Packung Buchstabensuppe vom Regal weht und die auf den Boden gepurzelten Buchstaben den exakten Wortlaut der Amerikanischen Unabhängigkeitserklärung ergeben. Eine millionenfach größere Wahrscheinlichkeit des Irrtums bei Untersuchungen von Gerichtsmedizinern wird als zu unbedeutend abgetan, um für ein rechtsgültiges Urteil in Betracht gezogen zu werden. Nun bedurfte es aber, damit wir auf der Erde leben können, nicht nur einer dieser unvorstellbaren Unwahrscheinlichkeiten, nein, ausnahmslos alle Bedingungen mussten erfüllt sein (die richtige zeitliche Abfolge nicht zu vergessen). Die *Ge-*

samtwahrscheinlichkeit für ein zufälliges Zusammenspiel aller nötigen Bedingungen ist also weder mit 1 %, noch mit 0, 1% oder 0, 01% zu beziffern; wenn wir erst eine Null schreiben, dann ein Komma, und dann für jedes Atom in diesem Universum eine Null und dann erst eine 1, hätten wir eine Zahl, die vermutlich immer noch zu groß wäre! (Wer an nichts glaubt, muss also viel mehr glauben als jemand, der an Gott glaubt.)

Wir können also mit nahezu hundertprozentiger Sicherheit davon ausgehen, dass es einen Planer gibt. Ist dieser Planer auch der Schöpfer, haben wir nicht nur einen Haufen grotesker Unwahrscheinlichkeiten eliminiert, sondern gleichzeitig auch die Frage beantwortet, woher die sich ausdehnende Urmaterie und die dort schon waltenden Grundkonstanten der Naturgesetze kommen.

Atheist: Aber wie Du selber ja einräumst, gibt es nur eine *nahezu* hundertprozentige Sicherheit.

Glaubender: Ja, richtig. Vollkommen unbezweifelbare Beweise gibt es in keiner Wissenschaft, die sich mit dem beschäftigt, was wir in der Natur vorfinden, sondern nur in der Mathematik, da die Mathematik eine reine Geisteswissenschaft ist (Ein Beispiel dafür, dass die Mathematik nicht die Realität abbildet, ist die Tatsache, dass Mathematiker mit negativen Zahlen arbeiten, die es in der Natur nicht gibt. Versuchen Sie doch mal, minus zwei Bananen zu essen …).

Es bleibt also dabei, da hast Du Recht, dass man Gott nicht beweisen kann, wenn man den Begriff Beweis mathematisch versteht. Wir können die Nichtexistenz eines Schöpfers und Planers aber als so abwegig ansehen, dass diese Möglichkeit nach unseren Spielregeln entfällt. Der 50:50 Joker hat also funktioniert, es bleibt nur noch eine Antwort stehen.

Atheist: Ich kann Deinen Gedanken folgen, tu mich aber dennoch schwer damit, plötzlich an einen Gott zu glauben. Zumindest bin ich aber nicht mehr überzeugt, dass es keinen Gott gibt und werde mich darum nicht mehr Atheist, sondern *Kritiker* nennen.

9. Zwischenfazit

Wir haben nun gesehen, dass die zweite Firma (die des Atheismus) mit so hoher Wahrscheinlichkeit ein Trugbild ist, dass es uns nicht die mathematische Vernunft, aber doch der gesunde Menschenverstand erlaubt, uns mit ihr nicht weiter zu beschäftigen. Wenden wir uns also der ersten Firma zu.

Auch die erste Firma, die Vertretung derjenigen, die an einen Gott glauben, besteht nicht nur aus einem Gebäude, sondern hat mehrere Niederlassungen, es gibt bekanntermaßen mehrere Religionen. Wenn bisher alle Leiter der wichtigsten Niederlassungen meinen Ausführungen prinzipiell hätten zustimmen können, muss es jetzt zu einer Unterscheidung kommen; ein Arbeiter, der nur rein theoretisch den Nutzen einer Firma anerkennt, sich aber weigert, in einer konkreten Niederlassung oder Abteilung mitzuarbeiten, steigert nicht den Ertrag des Unternehmens und kann bei der Lohnverteilung nur auf die Gnade des Eigners hoffen. Und hier muss auch ich bekennen, wo mein Arbeitsplatz zu finden ist (auch wenn es für den geneigten Leser bestimmt keine Überraschung mehr darstellt): Ich glaube an Gott und daran, dass Jesus Christus Gottes Sohn ist. Um das zu begründen, werde ich nun zweierlei nicht tun:

1. Ich werde die anderen Niederlassungen/Religionen nicht angreifen, wie ich den Atheismus angegriffen habe und auch nicht versuchen, die Vertreter der anderen Religionen zum Überlaufen zu überreden. Ich muss aber an dieser Stelle meinen christlichen Standpunkt klar und damit notwendigerweise auch in Abgrenzung zu anderen Standpunkten vertreten. Das hat nicht nur nichts mit Intoleranz zu tun, sondern ist im Gegenteil genau das, was Toleranz eigentlich bedeutet: einen eigenen begründeten Standpunkt haben und diesen auch anderen Menschen zugestehen. Wer der Meinung ist, man dürfe zwar alle Religionen annehmen oder ablehnen, aber über keine Religion sagen, sie sei besser als eine andere, ist nicht radikal tolerant, sondern ein radikal intoleranter Atheist; das bedeutete nämlich nichts anderes, als dass man jede Religion nur annehmen darf, solange man sie nicht wirklich ernst nimmt. Wenn beispielsweise ein gläubiger Moslem mir zugesteht, Jesus Christus sei vielleicht doch Gottes Sohn, ist er kein gläubiger Moslem mehr. Ich erwarte geradezu von ihm, dass er das aus seinem Glauben heraus bestreitet, woraufhin ich ihm meine Position darlege und Anfragen an seinen Glauben stelle. Dann merken wir, dass wir uns beide gegenseitig ernst nehmen.

2. Zweitens werde ich meinen christlichen Glauben hier nicht seitenlang mit der Einbeziehung von theologischen, historischen oder religionssoziologischen Erkenntnissen darlegen, sondern nur mit einem Argument: Gott ist die Liebe. Wenn ich Gottes Wesen mit einem Wort auszusagen versuche, dann lassen uns doch Gottesbilder, die geprägt sind von Gewalt, Eifersucht, Macht und Herrschsucht zu Recht erschaudern. Liebe ist das Größte. Und wenn Liebe das Größte ist und selbst wir Menschen in seltenen Momenten zur Liebe fähig sind, sollte da Gott nicht ganz und gar Liebe sein? Aber welche Bedeutung hätte der Satz *Gott ist die Liebe*, wenn Gott nur aus einer Person besteht? Wen oder was hätte er lieben sollen vor der Erschaffung der Welt? Welcher Art sollte eine Liebesbeziehung sein, wenn nur eine Person existiert? Braucht es nicht zumindest zwei Personen? Das Christentum denkt sich Gott nun sogar in drei Personen: Der Liebende liebt den Geliebten, und diese Liebe ist so stark und real, dass sie selbst Person ist. Das klingt ziemlich durchgeknallt und kompliziert, ich weiß, aber welchen Sinn macht das Wort Liebe, wenn Gott nur *eine* Person ist? Dann wäre Gott im wahrsten Sinne des Wortes lieb-los, und nicht nur so wie die Art und Weise, wie ich jemandem ein Geschenk überreiche, ein ganz klein wenig lieblos sein kann, nein, es würde überhaupt keine Liebe existieren. Nirgends. Niemals.

ZWEITER TEIL

2.1 Gott ja – Kirche nein?

Kritiker: Selbst wenn ich nun annehme, dass es einen Gott gibt und Jesus Christus sein Sohn ist, fällt es mir doch sehr schwer, mich wieder mit der Kirche anzufreunden, einer Institution, die so viel Leid über die Menschheit gebracht hat, wenn man nur an die Kreuzzüge und die Hexenverbrennungen denkt.

Christ: Ja, viele Menschen denken in der Tat nur an Kreuzzüge und Hexenverbrennungen, wenn sie das Wort Kirche hören, ist Dir das schon mal aufgefallen? Und viele kennen tatsächlich auch nur diese beiden *Wörter*, losgelöst von jedem geschichtlichen Hintergrundwissen. Diese Wörter kann man quasi wie einen Schutzschild mit sich führen: Immer wenn das Thema Religion/Kirche zur Sprache kommt und ich Gefahr laufe, mich wirklich ernsthaft damit auseinander setzen zu müssen, bringe ich diese beiden Wörter ins Spiel und halte mir so alle unangenehmen Fragen vom Leibe.

Kritiker: Das ist aber jetzt eine Unterstellung; vielleicht haben sich die Leute, die so argumentieren, doch intensiver mit der Geschichte beschäftigt als Du denkst.

Christ: Na dann mach doch mal eine Straßenumfrage zum Thema Hexenverbrennung. 95 % der gefragten Personen würde sagen, Hexenverbrennungen fanden im Mittelalter statt, und Schuld war die Katholische Kirche.

Kritiker: Ja und?

Christ: Beide Aussagen sind falsch. Die Verbrennungen von angeblichen Hexen begannen erst nach den großen Katastrophen in der Mitte des 14. Jahrhunderts (Pest, Erdbeben) und dauerten an bis zum ausgehenden 18. Jahrhundert, epochengeschichtlich sind sie also nicht Phänomene des Mittelalters, sondern der Renaissance und der Neuzeit (dieser Zeitraum war auch die Blütezeit der Magie). Zur Schuldfrage: Ausgangspunkt war heidnischer Aberglaube, der zeitweilig die gesamte Gesellschaft erfasste, darunter auch Kirchenmänner, sowohl katholisch wie protestantisch. Die Mehrzahl der verbrannten Hexen wurde allerdings von weltlichen Gerichten verurteilt, und zwar gerade in den Ländern, die durch die Reformation im Glauben geschwächt waren wie vor allem Deutschland. In den katholischen Kernländern wie Italien, Spanien und Portugal hat es so gut wie keine Hexenverbrennungen gegeben. Der Hexenwahn war also eine Folge der Glaubens*krise* großer Teile Europas, nicht Konsequenz eines »zu viel« an Katholizismus. Auch hatte die spanische Inquisition, an die viele sofort beim Thema Hexenwahn denken, nichts mit den Hexenverbrennungen zu tun (sondern mit der Verfolgung von Ketzern, und sie unterstand de facto eher dem spanischen König als dem Papst). Dass vor allem dieser Institution und damit der Katholischen Kirche von Historikern des 19. Jahrhunderts die Hauptschuld am Hexenwahn in die Schuhe geschoben wurde, beruht auf einem banalen Missverständnis: In den meisten Hexenprozessakten fand man das Wort *Inquisition* und dachte, damit wäre die

Institution gemeint. Tatsächlich tauchte dieses Wort in fast allen damaligen Prozessakten auf – es bedeutet nämlich nichts anderes als *Untersuchung* und wird auch heute noch von jedem Staatsanwalt regelmäßig gebraucht, wenn auch nicht mehr auf Latein.

Ich könnte also, dieser Art von Argumentation folgend, die Neuzeit als dunkles und barbarisches Zeitalter bezeichnen und heute die gesamte zivile Gerichtsbarkeit mit Hinweis auf den Hexenwahn ablehnen. Komischerweise sieht sich aber immer nur die Kirche (und auch nur die Katholische) diesem Vorwurf ausgesetzt.

Wenn es also offensichtlich nicht um historische Wahrheiten geht, muss das reflexartige Erwähnen von Stichwörtern wie eben Hexenverbrennung einen anderen Hintergrund haben.

Kritiker: Und der wäre?

Christ: Es besteht offensichtlich ein großes Bedürfnis nach einem Sündenbock, über den man nach Herzenslust herziehen und dem alles in die Schuhe geschoben werden kann, und wer böte sich da eher an als die größte und älteste Institution, die es zudem noch als einzige wagt, moralische Prinzipien zu vertreten? Und genau diesen moralischen Anspruch, der ein Stachel in unserem Fleisch bleibt, versucht man von sich fern zu halten, indem man denjenigen angreift, den man für den Wächter und Verkünder der Moral hält – eben die Kirche.

Darum haben Negativmeldungen über die Kirche immer Hochkonjunktur. Das ist ein ganz typisches menschliches Verhalten: Stellen wir uns mal vor, es gibt in meinem Bekanntenkreis eine Person, die allgemein als sehr viel tugendhafter als ich selbst angesehen wird (oder die zumindest einen höheren moralischen Anspruch erhebt); und dieser Person unterläuft ein moralischer Fehltritt – empfände ich in diesem Falle nicht eine klammheimliche Freude und Genugtuung?

Aus dem gleichen Grund werden Berichte über Kirchenskandale, erdichtete oder tatsächliche, immer gerne gelesen.

Und wenn grad keine da sind – kein Problem! Dann werden halt die alten Sachen wieder herausgekramt.

Kritiker: Da mag was dran sein, aber ist es nicht etwas zu einfach, wenn die Kirche, die sich ja der Liebe und der Barmherzigkeit verpflichtet fühlen sollte, schreckliche Verfehlungen wie das Verbrennen von unschuldigen Menschen (Du hast ja eine Mitschuld eingeräumt) lapidar als Schnee von gestern abtut?

Christ: Nein, das wollte ich damit nicht sagen, ich wollte nur zeigen, dass Fehler der Kirche im Vergleich zu eigenen Fehlern oder Fehlern anderer Personengruppen unverhältnismäßig beurteilt werden. Jedem kann verziehen werden, nur der Kirche nicht. Deshalb kann auch kein Fehlverhalten, liegt es 50 oder 100, ja gar 1000 Jahre zurück, verziehen werden, es gibt keine Verjährung. Vergleich das mal mit wem immer Du willst: Muss sich heute ein französischer Staatspräsident für das Köpferollen während der Revolution entschuldigen oder ein britischer Premier für die Taten eines Oliver Cromwell im 17. Jahrhundert?

Kritiker: Nein, das stimmt, aber die Verbrechen

der Nazizeit in Deutschland sind, wenn man es so ausdrücken will, im Bewusstsein Europas auch noch nicht verjährt.

Christ: Gut, das ist ein Kapitel für sich und auch ein vergleichsweise junges. Aber auch niemand wird heute von einem deutschen Politiker, der zu Besuch in, sagen wir mal, Tschechien ist, verlangen, sich für die Verbrechen von deutschen Soldaten während des Dreißigjährigen Krieges zu entschuldigen.

Kritiker: Okay, einverstanden. Eine gewisse Unverhältnismäßigkeit der Beurteilung ist nicht zu leugnen. Dennoch gibt es in der Geschichte der Kirche viele dunkle Flecken, auch solche, die nicht ständig wieder ans Licht gezerrt werden.

Christ: Da hast Du vollkommen recht, aber man kann eine Personengruppe nicht sinnvoll beurteilen, indem man einfach die dunklen Flecken, wie Du sie nennst, hervorkramt und dann sagt: Na, das war ja wohl nix.

Kritiker: Stimmt, man muss auch die positiven Aspekte berücksichtigen.

Christ: Das auch, ja, aber darauf wollte ich gar nicht hinaus. Auch wenn man bei den dunklen Flecken bleibt, reicht es nicht aus, diese einfach aufzulisten, sondern man muss, um ein vollständiges Bild zu bekommen, zwei weitere Fragen stellen.

Kritiker: Nämlich?

Christ: Stell Dir vor, Du beobachtest, wie eine verwirrte Person auf die Strasse läuft, obwohl ein Auto heran naht. Du packst diese Person, wirfst sie auf den Boden und ziehst sie gewaltsam auf den Bürgersteig zurück – gerade noch rechtzeitig bevor das

Auto diesen Menschen unweigerlich über den Haufen gefahren hätte. Man könnte jetzt sagen, Du hättest dieser Person einen Heidenschreck eingejagt, ihren Knöchel verstaucht und ihre Klamotten dreckig gemacht – alles unbestreitbare Tatsachen. Aber würdest Du Dir den Vorwurf gefallen lassen, unmoralisch gehandelt zu haben?

Kritiker: Wohl kaum. Im Gegenteil: Ich hätte mich schuldig gemacht, wenn ich nicht so gehandelt hätte.

Christ: Um das wieder auf unseren Fall zu übertragen, möchte ich Dir nun ein anderes Beispiel erzählen:

Die Franken, ein kriegerischer germanischer Stammesverband, nahmen bekanntermaßen im Frühmittelalter den christlichen Glauben an, das war der Grundstein für die Schaffung des christlichen Abendlandes. Haben die Franken nun ihre Schwerter zu Pflugscharen gewandelt, aus jeder Waffenschmiede ein Gebetshaus gemacht und ihren Feinden die rechte und die linke Wange hingehalten? Nein, natürlich nicht, sie haben weiterhin Kriege geführt, wie sie es immer taten. Aber: Nach den erfolgreich beendeten Sachsenkriegen (772-804) hat Karl der Große Frauen und Kinder des geschlagenen Feindes eben nicht niedermetzeln, sondern auf Anraten seines gläubigen Beraters Alkuin leben lassen und in sein Reich eingegliedert.

Kritiker: Ich ahne, worauf Du hinaus willst …

Christ: Man kann jetzt natürlich sagen: Schau mal, der christliche Herrscher Karl führt blutige Kriege, so viel zum Thema friedliebendes Christentum! Aber wenn man so einseitig argumentiert, erfasst man nicht das gesamte Bild.

Kritiker: Man darf also nicht nur fragen »Was ist passiert?«, sondern muss immer auch fragen: »Was wäre sonst passiert?«.

Christ: Und nun stelle Dir einmal vor, die verschiedenen kriegerischen Volkstämme wären nicht vereinigt worden unter dem Bild eines Gottes, der klein wird, in einem Stall zur Welt kommt und statt selbst Gewalt anzuwenden sich kreuzigen lässt, sondern beispielsweise unter dem mythologischen Bild eines Kriegsgottes, der Hämmer schwingt, Blitze schleudert und die Menschen nicht mit dem Maß der Liebe, sondern nach ihrem Maß an Tapferkeit und Streitlustigkeit misst – wie wäre dann die europäische Geschichte verlaufen? Wären dann alle Menschen den ganzen Tag Gedichte zitierend auf Schmetterlingsjagd gegangen?

Kritiker: Das ist zwar eine hochspekulative Frage, aber ich erahne die Antwort. Was war die zweite Frage, die man Deiner Meinung nach stellen muss?

Christ: Ganz einfach: Wie groß ist die Institution? Wenn ich einer Personengruppe, sagen wir mal, drei Verfehlungen nachweisen kann, spielt es eine Rolle, ob es sich um die größte Institution der Menschheit oder um den Kegelclub aus Rheda-Wiedenbrück handelt.

Kritiker: Das ist klar. Nur hat die Kirche ja nun etwas mehr als drei Untaten auf dem Kerbholz …

Christ: Natürlich, wesentlich mehr, zweifellos. Aber waren es nun *viele* Verbrechen oder *relativ viele*? Wir vergleichen jetzt die Kirche mal nicht mit einem Kegelclub, sondern einer größeren Organisation, vielleicht einer Partei. Nenn mal eine.

Kritiker: Eine deutsche Partei?

Christ: Ja, irgendeine.

Kritiker: Hm, die FDP.

Christ: Okay, wie alt ist die FDP?

Kritiker: So um die 50 Jahre?

Christ: Dürfte hinhauen, ja. Wie viele Mitglieder hat sie?

Kritiker: Äh, vielleicht 50.000?

Christ: Ich weiß es auch nicht genau, aber das müsste ganz grob passen. Wie viele Skandale und Skandälchen hat sich die FDP nun während dieser 50 Jahre geleistet?

Kritiker: Puh, keine Ahnung, hundert?

Christ: Das ist, glaube ich, etwas hoch gegriffen, wenn man nicht jeden Kleinkram mitzählen will. Sagen wir mal zwanzig.

Kritiker: Okay, zwanzig.

Christ: Jetzt will ich mal ein Rechenbeispiel wagen; ich sage direkt dazu, dass diese Rechnung eigentlich so nicht legitim ist, da die Zahlen nicht genau stimmen und während der Jahre natürlich variierten und Vergehen nicht gleich Vergehen ist, aber es verdeutlicht, wie viel größer die Kirche als die FDP ist, die ja eine vergleichsweise große Institution darstellt:

Die FDP ist 50 Jahre alt, die Kirche 2000, ergo haben wir den Faktor 40.

Die FDP hat 50.000 Mitglieder, die (Katholische) Kirche rund eine Milliarde, macht Faktor 20.000.

20*40*20.000 = 16000000.

Wenn man also von 20 Vergehen der FDP ausgeht

und beweisen will, dass die Katholische Kirche so viel auf dem Kerbholz hat wie die FDP, muss man ihr mindestens 16 Millionen Verbrechen nachweisen. Viel Spaß beim Suchen …

Kritiker: Das Beispiel hinkt wirklich ganz gewaltig, aber ich verstehe, was Du damit sagen willst.

Christ: Gut, nur darauf kam es mir an. Denn die Größenordnungen zu beachten, ist unvermeidbar. Wer das nicht tut, kann beispielsweise behaupten, die Rechtshänder wären Schuld am Amerikanischen Bürgerkrieg, schließlich waren daran mehr Rechtshänder als Linkshänder beteiligt.

Kritiker: Vergessen wir mal die Geschichte und kommen zur heutigen Zeit zurück. Es gibt ja auch heute Standpunkte und Entscheidungen der Kirche, für die sie hart kritisiert wird. Nehmen wir nur die Haltung der Kirche zum Thema Verhütung: Viele sind der Meinung, dass die Katholische Kirche einen nicht unerheblichen Einfluss auf die Ausbreitung von Aids hat, vor allem in Afrika.

Christ: Ja, wenn es gegen die Kirche geht, kann kein Vorwurf zu hirnrissig sein, um nicht vielfach Gehör zu finden, aber ich will dennoch sachlich darauf eingehen. Wenn dieser Vorwurf berechtigt wäre, wenn das Aids-Problem also darin bestehen würde, dass die HIV-positiven Afrikaner aus lauter Papstergebenheit keine Kondome verwenden und so der Krankheit zu immer größerer Ausbreitung verhelfen, dann müsste sich das ja statistisch nachweisen lassen, oder?

Kritiker: Wie meinst Du das?

Christ: Nun, ganz einfach: Der Anteil der an Aids

Erkrankten in den einzelnen afrikanischen Ländern müsste doch umso höher sein, je größer der Anteil der Katholiken in der Bevölkerung ist, richtig?

Kritiker: Stimmt, ja.

Christ: Komischerweise verhält es sich aber genau umgekehrt: Je höher der Anteil der Katholiken in den Ländern Afrikas, desto niedriger ist die Anzahl der Infizierten.[3] Deutlich wird dies am Beispiel Ugandas (ein Land mit großem Katholikenanteil): Aufgrund einer Präventionsstrategie, die nicht nur auf Kondome, sondern vor allem auf Treue und Enthaltsamkeit setzt, ist die Krankheit hier deutlich *zurück*gegangen. In den Ländern, in denen man zum Zwecke der Vermeidung einer Ansteckung ausschließlich den Gebrauch von Kondomen propagiert, breitet sich die Krankheit weiterhin rasant aus. Das gilt nicht nur für Afrika, sondern beispielsweise auch für Deutschland (2006 gab es in Deutschland 30% mehr Neuinfizierte als 2005). Diese Zahlen sprechen eine eindeutige Sprache. Zudem ist der Vorwurf, der der päpstlichen Verhütungspolitik gemacht wird, auch in sich unlogisch. Die allermeisten Ansteckungen resultieren aus sexuellen Handlungen vor und außerhalb der Ehe, Vergewaltigungen und Prostitution – das sind alles weitaus schwerere Verletzungen der katholischen Sexualmoral als der Gebrauch eines Kondoms. Ist es nun wirklich plausibel anzunehmen, dass Millionen von Menschen päpstliche Weisungen in einem vergleichsweise schweren Fall ignorieren, dabei dem Papst zuliebe auf *Kondome* aber verzichten?

Kritiker: Wenn Du Recht hast und Aids in Uganda mit Begriffen wie Treue und Enthaltsamkeit erfolgreich vorgebeugt wird – wieso wird dieses Modell dann nicht ausgedehnt auf andere Länder und Kontinente?

Christ: Na, stell Dir doch einmal vor, was passieren würde, wenn morgen ein Politiker oder ein anderer Prominenter laut und öffentlich in einem Land wie Deutschland Treue und Enthaltsamkeit fordern würde – er würde tausende zustimmende Briefe und E-Mails aus der Bevölkerung bekommen, in der Öffentlichkeit aber in der Luft zerrissen werden und könnte froh sein, wenn er seinen Job behalten dürfte. Zudem haben Treue und Enthaltsamkeit neben der Ideologieuntauglichkeit noch einen anderen entscheidenden Nachteil; im Gegensatz zu Pillen, Kondomen und Abtreibungen lässt sich damit kein Geld verdienen.

Kritiker: Besser wäre es Deiner Meinung also, man sollte Sex außerhalb der Ehe verbieten? Das wäre aber doch völlig weltfremd und würde die Lebensrealität der Menschen völlig ignorieren.

Christ: Ich will überhaupt nichts gesetzlich verbieten lassen, aber das Argument mit der Lebensrealität ist totaler Blödsinn. Man sollte doch das tun, das wahr und vernünftig ist und nicht das, was viele Menschen tun, hinterher als wahr und vernünftig bezeichnen. Wenn ich dieses Argument gelten ließe, hinge die Frage, ob Diebstahl zu erlauben sei oder nicht, einzig und allein von der Anzahl der Diebe in einer Gesellschaft ab – gibt es viele Diebe, gut, dann ist Diebstahl ab morgen eben erlaubt. Aber, wie gesagt, mir geht es überhaupt nicht um Verbote, ich habe nur eine einzige, völlig simple Forderung.

Kritiker: Nämlich welche?

Christ: Man soll den Leuten die Wahrheit sagen, nichts weiter!

1) Treue und Enthaltsamkeit bieten einen Schutz vor Aids in Höhe von 100 %.
2) Promiskuität bei Gebrauch von Kondomen bietet (je nach Anzahl der Sexpartner und sexuellen Handlungen) einen Schutz von 1-99 %.
3) Promiskuität ohne Gebrauch von Kondomen bietet einen Schutz von 0 %.

Und dann lasst die Leute selbst entscheiden, Punkt.

Kritiker: Diese Liste ist aber nur dann richtig, wenn Kondome keinen vollständigen Schutz bieten. Wie kannst Du Dir da so sicher sein?

Christ: Kondome können selbst dann, wenn ich von einer prinzipiellen Undurchlässigkeit für Aids-Viren ausgehe (was umstritten ist), nie vollständig schützen. Gebrauchsfehler (nicht nur beim Akt selbst, auch bei der Lagerung) werden immer auftreten, da der Mensch nun einmal Fehler macht und bei riskanten Sexualkontakten oft auch Alkohol und Drogen im Spiel sind. Zudem ist die Übertragung von Aids nicht an Zeiten gebunden, ich kann mich in jeder Stunde an jedem Tag infizieren. Mit Kondomen kann ich also bei aller Sorgfalt immer nur die Wahrscheinlichkeit einer Ansteckung *verkleinern*, ich bleibe stets darauf angewiesen, einfach Glück zu haben.

Kritiker: Das mag ja alles sein, aber die Leute werden trotzdem nicht auf Sex verzichten, bis sie verheiratet sind.

Christ: Das müssen sie auch gar nicht. Folgende Vorgehensweise reicht völlig aus: Ich gehe eine neue Beziehung ein, mache mit meinem Partner den Test, warte drei Monate (das ist die Dauer der Inkubationszeit, die auch ungefähr der Zeit entspricht, nach der man weiß, ob die Beziehung auf Dauer halten wird oder nicht), mache dann noch mal den Test und kann dann völlig gefahrlos Sex mit meinem Partner haben. Das funktioniert unabhängig davon, ob ich alt oder jung, gläubig oder ungläubig, homosexuell oder heterosexuell, verheiratet oder unverheiratet bin. Verhielten sich alle Menschen so, wäre Aids in wenigen Jahrzehnten vollständig ausgerottet.

Kritiker: Aber auch das bleibt utopisch.

Christ: Das mag sein. Aber was spricht dagegen, dieses Modell einfach mal zu versuchen anstatt weiterhin einer Strategie zu vertrauen, die seit Jahrzehnten auf ganzer Linie versagt hat?

Kritiker: Hm, daran mag etwas dran sein. Dennoch fällt es mir schwer zu glauben, dass der Großteil der Kritik an der Kirche einfach nur auf Vorurteilen und Fehlinformationen beruht. Findest Du das nicht auch etwas unwahrscheinlich?

Christ: Überhaupt nicht. Genau das hat Jesus der Kirche prophezeit. Er hat niemanden im Unklaren darüber gelassen, dass die Botschaft des Kreuzes stets Torheit in den Augen der Weisen und ein Ärgernis in den Augen der Mächtigen sein wird. Eine Kirche, die ihr Angebot je nach Nachfrage ändert, mit allen lieb Freund sein will und auf jeder Welle des Zeitgeistes mitsurft, hat keine Existenzberechtigung. Wozu sollte es auch gut sein, wenn nun auch noch der Papst das sagt, was alle sagen? Würde die Kirche von niemandem angefeindet werden – wie könnte sie dann von sich behaupten, auf dem Weg der Nachfolge Christi zu sein?

2.2 Altmodisch und spießig?

Kritiker: Unabhängig davon, ob das, was Du sagst, wahr ist oder nicht, hätte ich ein unangenehmes Gefühl dabei, mich Christ zu nennen und an all die zweitausend Jahre alten Geschichten zu glauben. Ich hätte die Befürchtung, altmodisch zu wirken, meine Freunde würden vermutlich denken, dass ich allmählich alt und spießig werde.

Christ: Altmodisch kann das Christentum schon allein deshalb nicht sein, weil es keine Mode ist, sondern, wie die Christen glauben, die Wahrheit. Die Wahrheit kann niemals altmodisch werden, das können nur Vorlieben, die nicht der Wahrheit, sondern dem persönlichen Geschmack unterliegen. Die Grundrechenart der Addition beispielsweise ist wesentlich älter als das altmodischste, unmodernste Kleidungsstück, das Deine Eltern vielleicht noch in irgendeinem selten geöffneten Schrank vor sich hin modern lassen. Dennoch käme niemand auf die Idee zu behaupten, Additionen wären nur etwas für ewiggestrige Hinterwäldler.

Wenn Du nun mit dem Begriff altmodisch das Gegenteil von fortschrittlich meinst, dann muss ich Dich fragen, was der Begriff Fortschritt für Dich bedeutet.

Kritiker: Na, Fortschritt bedeutet, nicht auf ausgelatschten Pfaden zu gehen, sondern Neuland zu betreten.

Christ: Hm. Ich übertrage das mal auf meine persönliche Situation: Mord und Totschlag wären für mich Neuland, das habe ich noch nicht ausprobiert. Ich habe auch noch nie gesagt, dass zwei und zwei achtzehn ergeben, das wäre auch mal was Neues.

Kritiker: Okay, die Richtung muss natürlich auch stimmen.

Christ: Aha. Für einen Fortschritt brauche ich also zweierlei. Zunächst muss ich mich überhaupt bewegen, sonst bliebe es beim Stillstand. Dann brauche ich eine Richtung, die vorgegeben wird von den Prinzipien der Ethik und der Wahrheit, sonst laufe ich in die falsche Richtung (was mich vom Fortschritt mehr entfernte als wenn ich einfach stehen bliebe).

Wenn ich also behaupten will, dass das Christentum nicht fortschrittlich ist, muss ich entweder belegen, dass die christlichen Prinzipien im Widerspruch zu Ethik und Wahrheit stehen (das Thema hatten wir schon, werden wir aber noch vertiefen), oder ich muss nachweisen, dass das Ziel des christlichen Glaubens darin besteht, dass alles so bleibt, wie es ist.

Kritiker: Na ja, den Eindruck, dass es der Kirche genau darum geht, kann man durchaus bekommen. Schließlich sagt sie seit zweitausend Jahren mehr oder weniger das Gleiche.

Christ: Ich hoffe, das tut sie auch weiterhin. Wer von Hamburg nach München fahren will, schreitet ja auch nicht dadurch voran, dass er jede halbe Stunde ein neues Ziel ausgibt. Das Ziel christlichen

Strebens kann aber nun gar nicht fortschrittlicher gedacht werden, schließlich liegt es weiter in der Zukunft als alle wissenschaftlichen oder politischen Zukunftsziele, nämlich jenseits des Todes. Wenn die Kirche also nicht alle vermeintlich fortschrittlichen Bewegungen mitmachen will, dann nicht deshalb, weil ihr der Fortschritt selbst zuwider wäre, sondern weil sie in bestimmten Fällen die eingeschlagene Richtung für die falsche hält. Um der Kirche Fortschrittsverweigerung vorzuwerfen, reicht es also nicht aus, eine gewisse Beharrlichkeit kirchlicher Positionen festzustellen. Man muss nachweisen, dass die von der Kirche vertretenen Meinungen die falschen oder die von ihr verworfenen Meinungen die richtigen sind – damit wären wir wieder bei der Frage nach der Richtigkeit der Richtung, von der sich die Frage nach dem Fortschritt niemals abkoppeln lässt. Keiner von uns, der in eine bestimmte ihm unbekannte Stadt fahren will, käme auf die Idee, es wäre reine Zeitverschwendung, vorher in die Karte zu schauen, es wäre besser, einfach so drauf los zu fahren. Ebenso käme kein Richter (so hoffe ich doch) auf die Idee, den Angeklagten zu verurteilen, ohne vorher die Zeugen gehört zu haben, nur damit es schneller geht. Das gilt für alle wichtigen Dinge, die wir tun. Stell Dir vor, Du planst ein Vorhaben und möchtest dazu den Rat eines Freundes einholen. Als erstes möchte er doch wissen, worum es überhaupt geht. Und wenn es keine leicht zu entscheidende Frage ist, wird er Dich nach allen möglichen Hintergrundinformationen ausfragen. Solltest Du Dich nun weigern, über das Vorhaben als solches zu sprechen und stattdessen sagen, Du möchtest nur ganz grundsätzlich wissen, ob es gut ist, ein Vorhaben durchzuführen oder nicht, wird er denken, Du wolltest ihn auf den Arm nehmen.

Wer jetzt denkt, dass ich hier total banales Zeug erzähle und es eigentlich eine Frechheit ist, von mir mit solchen Selbstverständlichkeiten aufgehalten zu werden – der hat vollkommen Recht. Dennoch können solche Selbstverständlichkeiten in Vergessenheit geraten. Als beispielsweise 1945 auf einem Atomtestgelände in New Mexiko die erste Atombombe gezündet wurde und vorher völlig unklar war, wie weit denn überhaupt die atomare Kettenreaktion reichen würde, war niemand geleitet von den Fragen *ist dieses Vorhaben gut? Ist es richtig? Ist es sinnvoll?*, sondern nur von der Frage *ist es möglich?*. Ich hatte in einem vorherigen Kapitel bereits von der Politikerin berichtet, die die Frage, ob mehr Kinder gut für Deutschland seien, ersetzt hat durch die Frage, ob Kinderkriegen eine moderne Haltung sei und diese umgewandelte Frage dann negativ beantwortete.

Jeder, der lieber fragt, ob es *modern* oder *zeitgemäß* sei, dieses oder jenes zu tun statt zu fragen, ob es gut oder richtig sei, ähnelt unserem Autofahrer, der auf die Frage, wohin er denn fahre, antwortet: *Na wenn ich mir darüber die ganze Zeit den Kopf zerbreche, komme ich ja nie voran!*

Modernität ist, genau wie Konservatismus, für sich genommen weder gut noch schlecht. Umweltverschmutzung ist beispielsweise ein modernes Phänomen, Verliebtheit ein altes. Niemand würde nun deshalb lieber verpestet als verliebt sein.

Fortschritt benötigt also, wie wir gesehen haben, zwei Dinge: die Richtigkeit der Richtung und die Bewegung.

Kritiker: Einverstanden.

Christ: Man sollte eigentlich davon ausgehen, dass dieser Grundsatz so einleuchtend und banal ist, dass Probleme und Streitigkeiten ausschließlich dort entstehen können, wo es unterschiedliche Ansichten über die einzuschlagende Richtung gibt. Um es auf unser Autofahrt-Beispiel zu übertragen: Wollen zwei Personen mit dem Auto von A nach B, können Probleme nur dann auftreten, wenn es hinsichtlich des Weges kleinere Meinungsverschiedenheiten gibt (Autobahn oder Landstraße? Stau riskieren oder ihn umfahren?). Über viele grundlegende Dinge sind sich beide jedoch völlig einig (sogar so einig, dass darüber gar nicht gesprochen zu werden braucht): Vor dem Start wird ein Ziel anvisiert, dieses Ziel ändert sich nicht während der Fahrt, die Straßenverkehrsordnung wird beachtet, die Karte behält während der Strecke ihre Gültigkeit etc.

Kritiker: Das ist logisch.

Christ: Und jetzt stelle Dir bitte einmal vor, alle Autofahrer auf unseren Straßen hätten ganz unterschiedliche Meinungen zu diesen grundlegenden Dingen.

Kritiker: Dann hätten wir wohl ein mächtiges Chaos.

Christ: Eben. Wenn ich also Verwirrung und Unordnung stiften wollte, gäbe es viel wirkungsvollere Möglichkeiten als einfach die Wegweiser in eine falsche Richtung zu drehen. Wieso sollte ich mich

mit solchen Lappalien aufhalten, wenn ich das gesamte Navigationssystem ausschalten kann?

Kritiker: Und Du meinst, dass das tatsächlich passiert?

Christ: Offensichtlich passiert das, ja.

Kritiker: Wie geht das vor sich?

Christ: Wenn ich den Nutzen eines Navigationssys-
tems behindern will, stehen mir zwei Möglichkeiten
offen: ich kann es überhören oder es ausschalten/
zerstören.

Kritiker: Von welcher dieser Möglichkeiten wird
jetzt Deiner Meinung nach Gebrauch gemacht?

Christ: Von beiden.

Kritiker: Erläutere das bitte.

Christ: Ich fange an mit dem Überhören des Navi-
gationssystems. Wann überhöre ich Dinge? Wenn andere Dinge lauter sind, ganz einfach. Wenn ich also
so schnell fahre, dass ich nur noch den Geschwin-
digkeitsrausch und die Motorengeräusche wahr-
nehme, überhöre ich das Navigationssystem, das mir
dringend rät, die nächste Ausfahrt zu nehmen. Um
das auf die Bereiche von Politik und Gesellschaft zu
übertragen, wird dieses Überhören des Navigations-
systems durch die zunehmende Technisierung der
Welt begünstigt. Wir haben uns daran gewöhnt, dass
das Flugzeug, mit dem wir letztes Jahr in den Urlaub
geflogen sind, besser, sicherer und schneller ist als die
Entenflugzeuge (die wurden tatsächlich so genannt)
der Gebrüder Wright. Es ist für uns selbstverständlich, dass eine Software Version 2.0 leistungsstärker
ist als das Vorgängermodell. Und nun denken wir,
unterstützt durch den Evolutionismus (hier ist aus-

drücklich nicht die Evolutionstheorie gemeint, die eine hilfreiche Einzelthese ist, sondern die Ideologie, die den Grundgedanken der Evolutionstheorie auf alle Lebensbereiche ausdehnt und aus ihr eine dogmatische Weltanschauung macht), dass auch beispielsweise das Familienbild früherer Zeiten genau so überholt ist wie Einräder oder die Ballonfahrt. Wer diese Weltanschauung teilt, muss daran glauben, dass es immer nur ein Vorwärts gibt, dass gegenwärtige und zukünftige Generationen immer bessere Antworten und Lösungen finden als vergangene Generationen – und das in allen Lebensbereichen, nicht nur in der Technik, sondern auch in Bereichen der Weisheit und Ethik. Dabei sollte gerade uns, die wir in dem Jahrhundert geboren wurden, das wahrscheinlich mehr Gewalt, Leid und Tod gesehen hat als alle Jahrhunderte davor, klar sein, dass nicht *alles immer besser* wird.

Das ist jetzt überhaupt nicht technikfeindlich gemeint, im Gegenteil: Wollte ich von Hamburg nach München gelangen, hätte ich persönlich mehr Spaß an der Reise, wenn ich in einem Zug statt auf einem Pferd säße (vom Pferd ganz zu schweigen). Führe der Zug aber Richtung Dänemark, wünschte ich, er wäre langsamer und würde bald anhalten. Die Technisierung als solche ist also nicht das Problem, sondern das materialistische Weltbild, das letzten Endes auch den Menschen als etwas ansieht, das es doch auch in der Version 2.0 geben müsste.

Kritiker: Da ist was dran. In vielen Bereichen wird der Frage, ob man etwas machen *kann*, mehr Bedeutung geschenkt als der Frage, ob man es machen *soll*.

Was ist jetzt Deiner Meinung nach der andere Punkt? Auf welche Weise wird versucht, das Navigationssystem direkt auszuschalten? Es gibt doch wohl niemanden in einflussreicher Position, der behauptet, es wäre egal, ob sein Tun richtig oder falsch ist, oder?

Christ: Nein, natürlich nicht. Es gibt einen anderen Weg, alle lästigen Prinzipien der Ethik und der Wahrheit von mir abzuschütteln ohne Gefahr zu laufen, als unmoralische und lügnerische Person erkannt zu werden: Ich unternehme den ungeheuerlichen und in der Geschichte der Menschheit einmaligen Versuch, die Begriffe Moral und Wahrheit einfach abzuschaffen!

Kritiker: Das ist jetzt aber starker Tobak, ist das nicht etwas übertrieben?

Christ: Ich habe nicht behauptet, dass dieses Vorhaben schon vollständig gelungen wäre, aber es wird hart daran gearbeitet. Nehmen wir zuerst die Ethik/Moral: Hat nicht zumindest der Begriff *Moral* einen faden Beigeschmack bekommen in den letzten Jahren und Jahrzehnten? Ich selbst habe mich kaum getraut ihn zu verwenden und stattdessen etwas kleinlauter von Ethik geredet, um nur ja niemanden zu verschrecken (ganz zu schweigen vom Begriff *Sünde*, der heute nur noch im Zusammenhang mit Umweltverschmutzung und kalorienreicher Nahrung gebraucht wird). Fallen uns in diesem Zusammenhang nicht sofort negativ besetzte Wörter wie Moralapostel oder moralinsauer ein? Ist Moral nicht etwas geworden, das lästig zu sein scheint und überwunden werden müsste, um einer freien und ungezwungenen Selbstverwirklichung nicht länger im Wege zu stehen?

Kritiker: Das sehe ich nicht so. Es gibt einige überkommene Moralvorschriften, die in der letzten Zeit gelockert wurden, aber keine grundsätzliche Ablehnung der Moral.

Christ: Keine Ablehnung der Moral als solcher, das ist richtig. Ich glaube sogar, dass viele Menschen eine große Sehnsucht danach haben, nach moralischen Grundsätzen zu handeln. Wenn ich Bus fahre und eine Mutter mit Kinderwagen aussteigt, prügeln sich die Leute fast darum, wer den Kinderwagen tragen helfen darf. Hier handelt es sich nämlich um eine moralisch vollkommen eindeutige Situation; niemand würde bestreiten, dass es moralisch richtig ist der Frau zu helfen anstatt aus Bequemlichkeit zuzuschauen, wie sie sich alleine abmüht. Das moralische Empfinden ist also noch da. Aber der Angriff auf die Moral erfolgt bereits über den Weg der Sprache. Das Wort *Tugend* ist bereits gänzlich ausgerottet und nur noch in Ritterromanen anzutreffen.[4] Dem Wort Moral droht ein ähnlich negatives Schicksal, es verkommt zum Schimpfwort. Neulich stand ein Bundestagsabgeordneter in der Zeitung, der offenbar eine Wohnung vermietet hatte, in der ein Bordell betrieben wurde. Eigentlich sollte man nun das Wort Moral in den Anklagen derer vermuten, die diesen Sachverhalt angeprangert hatten. Tatsächlich hat aber der *Angeklagte* diesen Begriff benutzt um sich zu *verteidigen*, indem er erklärte, er verbitte sich derartige moralinsaure Angriffe.

Die Taktik ist also klar: Wenn ich mich unmoralisch verhalte und sich jemand erdreistet, mich darauf hinzuweisen, bezichtige ich diesen als Moralapostel und habe damit den Spieß umgedreht. Aus diesem Grund traut sich niemand mehr, das Wort Moral noch in den Mund zu nehmen. Die Unmoral wird zur neuen Moral.

Kritiker: Aber das ist nun mal der Geist der Zeit, das wird doch von niemandem gesteuert. Oder willst Du mir etwa erzählen, dass es Parteiprogramme gibt, die sich offen für die Überwindung von moralischen Grundsätzen aussprechen?

Christ: So etwas gibt es in der Tat. Eine Theorie der *Frankfurter Schule* (Vereinigung marxistischer Intellektueller, die viele Politiker und Journalisten beeinflusste und immer noch beeinflusst) besagt etwa, vereinfacht gesprochen: Das Bürgertum mit seiner bürgerlichen Moral ist quasi die Vorstufe zu Nationalismus und Rassismus. Die bürgerliche Moral wird bereits in den ersten Lebensjahren in der bürgerlichen Familie den Kindern anerzogen, die damit zwangsläufig auch den Nährboden in sich tragen, führergläubige Nationalisten zu werden. Also muss, damit alle Ansätze dieses Denkens bereits im Keim erstickt werden, das gesamte Bürgertum mit all seinen Ordnungen und Werten vernichtet werden, am wirkungsvollsten ist dabei die Zerstörung der Familie (da man ja intellektuell war, waren die Pamphlete natürlich viel länger und voller Fremdwörter). Dazu ist zweierlei zu sagen:

1) Das ist natürlich an den Haaren herbei gezogener, durch nichts begründeter Blödsinn. Hitler war kein radikaler Bürgerlicher, der die bürgerlichen Werte auf die Spitze trieb, sondern genauso radikal antibürgerlich wie die Agitatoren

der Frankfurter Schule (um diese Parallelen zwischen Sozialismus und Nationalsozialismus zu verwischen, sprechen heutige Marxisten von den Nazis lieber als Faschisten, obwohl das historisch gesehen grober Unfug ist). Hitler hasste das Bürgertum leidenschaftlich. Man weiß, dass bei abzusehender Kriegsniederlage ihm das Leid des Bürgertums angesichts der Zerstörung so schöner deutscher Städte wie Dresden ein Trost war. Auch das Familienbild der Nazis sah ganz anders aus als das bürgerlich-christliche: Die Kinder sollten frühzeitig den Eltern entrissen und zum Glauben an Volk und Führer erzogen werden; eine innige Bindung zur Mutter nannte man verächtlich *Affenliebe*. Auch hier sieht man deutliche Parallelen zu Marxisten, die ebenfalls meinen, Kinder könnten gar nicht früh genug in staatliche Obhut gegeben werden.

2) Trotz der offenbaren Unsinnigkeit wurden diese Manifeste umgesetzt, die Zerstörung der Familie wurde eingeläutet. Heute sehen wir die Folgen: Rekorde im Bereich der Scheidungsraten und Abtreibungszahlen[5]. Prostitution, Menschenhandel und Pornoindustrie boomen, Kinder werden hingegen kaum mehr geboren, was auch dramatische Konsequenzen für die Volkswirtschaft hat. Bekommen haben wir für diesen Preis die Möglichkeit, immer und überall und egal mit wem Sex zu haben – und uns dabei mit immer neuen Krankheiten anzustecken, denken wir nur an AIDS, HPV und die

Chlamydien-Infektion, die oft zu Unfruchtbarkeit führt und die demographische Krise weiter verschärft – ein verdammt schlechter deal.

So viel zum Thema Moral.

Kritiker: Aber es gibt ja noch das Recht.

Christ: Sicher. Aber ohne Moral bewirken Recht und Gesetzgebung lediglich, dass ich mich dann an Paragraphen halte, wenn ich davon ausgehen kann, dass ein Übertreten geahndet und schmerzhaft bestraft wird. Gehe ich davon aus, nicht erwischt zu werden, kümmert mich das Recht nicht. Ist eine Handlung verboten, aber straffrei, gilt sie nach kurzer Zeit im Bewusstsein der Menschen als erlaubt. Zudem können Gesetze geändert werden, wenn das moralische Empfinden der Entscheidungsträger so weit verdunstet ist, dass die Notwendigkeit des alten Gesetzes nicht mehr eingesehen wird. Ohne Moral wird uns das Recht vor Barbarei nicht lange schützen können.

Kritiker: Kommen wir zur Wahrheit.

Christ: Ja. Die Moral ist natürlich mit der Wahrheit verbunden; gibt es keine Wahrheit, sind Wörter wie Moral, Ethik, Gerechtigkeit etc. vollkommenen bedeutungslos. Wenn es keine Wahrheit gäbe, wäre Deine Empfindung, Folter sei unmoralisch, nichts weiter als eben eine bloße Empfindung, über deren Richtigkeit man nicht einmal diskutieren könnte. Sie hätte den gleichen Wert wie die Aussage *mein linkes Bein kribbelt.* Was soll man darauf noch Sinnvolles antworten?

Beschleicht uns nun nicht bei dem Wort Wahrheit mittlerweile auch das merkwürdige Gefühl, dass es vielleicht besser wäre, dieses Wort nicht in den Mund zu nehmen? Beim Wort Moral war es noch die Angst, für einen spießigen Spielverderber gehalten zu werden, beim Wort Wahrheit befürchten wir, anmaßend zu sein, wenn wir von *der* Wahrheit sprechen, bestenfalls dürfen wir von *unserer* Wahrheit sprechen, noch besser verzichten wir ganz darauf.

Kritiker: Das kann ich aber nachvollziehen; Leute, die alles besser zu wissen und die Weisheit für sich gepachtet zu haben meinen, wirken nicht gerade besonders sympathisch. Wer hingegen einräumt, nicht für alle sprechen zu wollen, kommt bescheidener rüber.

Christ: Wie sympathisch und bescheiden wirkt für Dich denn jemand, der behauptet, dass ausnahmslos alle Menschen, die sich jemals für Gerechtigkeit engagiert haben, eitle Schwätzer seien, die der Menschheit sowieso nichts zu sagen hätten und besser den Mund hielten? Nichts anderes tun nämlich Leute, die das Wort Wahrheit für einen Begriff erklären, der seine allgemeine Gültigkeit verloren hat. Es ist wie bei den super-toleranten Religionskritikern: Man tritt bescheiden auf und tut so, als würde man selbst auf Dinge wie Religion und Wahrheit verzichten, um nur ja niemandem Unrecht zu tun und fordert von uns die gleiche Bescheidenheit. In Wirklichkeit könnte uns aber gar kein größeres Unrecht angetan werden; die letzte, großartigste und wichtigste Dimension des Menschseins wird uns allen dadurch weggenommen!

Außerdem gibt es niemanden, der die Existenz einer allgemein gültigen Wahrheit leugnet und sich immer konsequent an seine eigenen Worte hält; täte er das, müsste er beispielsweise die Nazis vor Kritik in Schutz nehmen, die ja schließlich ihren Werten und Gesetzen gemäß gehandelt haben.

Kritiker: Aber das waren doch völlig pervertierte Werte und Gesetze!

Christ: Natürlich. Aber man kann doch Gesetze, die Menschen in ihrer jeweiligen geschichtlichen Situation erlassen, nur beurteilen, wenn es ein Gesetz gibt, das auf einer höheren Ebene angesiedelt ist, ein Gesetz, dessen Autorität die uneingeschränkte Wahrheit ist, ein Gesetz, das nicht durch sich ändernde gesellschaftliche Trends und Zwei-Drittel-Mehrheiten gekippt werden kann. Gibt es dieses Gesetz nicht, hat jedes von Menschen erlassene Gesetzeswerk, so pervertiert es auch sein mag, für seine jeweilige Zeit und Bevölkerung absoluten Charakter, es kann nicht hinterfragt werden.

Kritiker: Gleich willst Du wohl auch noch behaupten, dass jeder, der gegen Nazis ist, sich damit zur göttlichen Wahrheit bekennt?

Christ: Nicht ganz. Wer nicht an Gott und ein allgemein gültiges Gesetz glaubt, kann trotzdem gegen Nazis sein, aber nur so wie ein Schalke-Fan gegen Borussia Dortmund eingestellt ist – er kann seine Ablehnung kundtun, aber er kann nicht (für alle und immer geltend) behaupten, *im Recht* zu sein.

Kritiker: Aus welcher Richtung kommt jetzt Deiner Meinung nach der Angriff auf die Wahrheit?

Christ: Zum einen ist der Materialismus natürlich ganz anderer Ansicht als ich. Ein Materialist, der es ernst meint, muss alle Begriffe wie richtig, falsch, gut, böse, gerecht, sinnvoll etc. als vollkommen bedeutungslos ansehen. Aber, ich denke, es gibt gar keine überzeugten Materialisten.

Kritiker: Bitte? Gerade die westliche Welt ist doch voll davon!

Christ: Ich meine keine Leute, die es vielleicht cool und provozierend finden, sich so zu nennen, sondern Menschen, die wirklich jeden Gedanken an Sinn und Gerechtigkeit aus ihrem Kopf verbannt haben. Ein hundertprozentig überzeugter Materialist würde, wenn er Zeuge wird, wie seine Eltern umgebracht werden, nicht in Wut über den Angreifer verfallen und Gerechtigkeit fordern, sondern seufzen: *Ach ja, so ist halt der Lauf der Dinge*. Derart entmenschlichte Kreaturen gibt es aber meines Wissens glücklicherweise nicht.

Kritiker: Das Beispiel hinkt aber. Ein Materialist kann doch die von Dir erwähnte Tat als gesetzeswidrig erkennen und darum Gerechtigkeit fordern. Dafür gibt es ja das Gesetz – damit nicht alle in Selbstjustiz den Rächer spielen, sondern die Polizei rufen.

Christ: Natürlich. Aber die Forderung des Materialisten nach Gerechtigkeit bezieht sich in diesem Falle ausschließlich auf die *Gesetzeswidrigkeit* der Tat, sie beruht nicht auf einem moralischen Empfinden. Wäre er zur Tatzeit in einem fremden Land, dessen Gesetze er nicht kennt, müsste er erst die in diesem Land geltenden Paragraphen nachschlagen, bevor er sich ein Urteil erlauben könnte! Aber, wie gesagt, solche Personen kenne ich nicht. Jeder Mensch beruft sich bei der Beurteilung anderer Menschen und der von sich selbst auf sein persönliches Moral- und Gerechtigkeitsempfinden (das natürlich von vielen anderen Menschen beeinflusst ist). Je ungerechter und unmoralischer ich mich verhalte, desto gröber wird meine Wahrnehmung von gut und böse: denke ich zehn Mal *na das wird schon nicht so schlimm sein*, halte ich beim elften Mal dieselbe Handlung gar nicht mehr für moralisch fragwürdig.[6] Aber so sehr das Gewissen auch abstumpfen kann; für all unsere Sünden und Fehltritte haben wir einen Haufen guter Gründe und Entschuldigungen parat. Selbst der Mann, der seine halb so schwere Ehefrau brutal zusammen schlägt, versucht sich heraus zu reden: *Muss sie mich denn auch immer so provozieren*?

Jeder Mensch bestreitet sein Leben also auch als einen Weg der inneren moralischen Reifung. Und die moralische Reife eines Menschen bemisst sich nicht an der Originalität oder Modernität seiner moralischen Prinzipien, sondern immer an der Wahrheit, die nichts anderes als die Liebe ist. Je mehr ich die Wahrheit suche, desto mehr Liebe finde ich; je mehr ich liebe, desto wahrhaftiger lebe ich.

Der Hauptangriff auf die Wahrheit kommt aber nicht von einem radikalen Materialismus, sondern von philosophischen Denkrichtungen, die uns nahe bringen wollen, nicht mehr von der einen, allgemein gültigen Wahrheit sprechen zu dürfen, sondern davon auszugehen, dass wir – jeder für sich – unsere Welt selbst konstruieren. Als Beispiel: Ein Lehrer unterrichtet einen Jungen mit rotblonden Haaren und Sommersprossen. Vor einigen Jahren hatte er einen Schüler, der ebenfalls durch rotblonde Haare und Sommersprossen und dazu durch extreme Aufmüpfigkeit auffiel. Unbewusst vermutet der Lehrer nun, dass auch dieser rothaarige Schüler ein Quälgeist und Störenfried sein wird und verhält sich ihm gegenüber vom ersten Tag an unerbittlich, um jede Störung des Unterrichts im Keim zu ersticken. Was ist hier passiert?

Kritiker: Der Lehrer hat eine Wirklichkeit (dieser Junge da ist ein Störenfried) konstruiert, die nur in seinem Kopf existiert und nirgendwo sonst.

Christ: Genau. Ich glaube tatsächlich, dass wir in unserem Leben viele solcher Übertragungsfehler begehen und vielleicht manchen Menschen Unrecht tun.

Kritiker: Dann ist es doch gut, wenn uns moderne Philosophen auf diese Tatsache hinweisen!

Christ: Ja, diese Einsicht ist gut und hilfreich; wenn wir irgendeine Form von Wirklichkeit wahrnehmen, sei es ein Bild oder ein Gespräch mit einem Freund, ist in unserer Wahrnehmung immer schon ein Stück Interpretation unsererseits enthalten. Das ist aber keine revolutionäre Entdeckung, sondern selbstverständlich, schließlich sind wir Menschen und keine Roboter: Würde einer meiner Freunde jede meiner Mitteilungen hundertprozentig objektiv analysieren wollen ohne jemals seine persönlichen Erfahrungen in unsere Gespräche einfließen zu lassen, wäre er die längste Zeit mein Freund gewesen.

Und genau wie die Evolutionstheorie, die zum dogmatischen Weltbild des Evolutionismus aufgebläht wurde, wird auch diese These von radikalen Denkern so weit aufgebläht, dass behauptet wird, *alles* sei letzten Endes ein Konstrukt, es gebe deshalb überhaupt keine objektive Wahrheit außerhalb der Interpretationen. Diesen Grundgedanken (der alles andere als neu ist) vertreten radikale Konstruktivisten, Subjektivisten, Relativisten etc, denn merke: Der Irrtum ist vielgestaltig und wechselt so häufig seine Namen wie ein Trickbetrüger und Hochstapler, der ständig die Stadt verlassen und einen neuen Namen annehmen muss.

Kritiker: Wo liegt denn hier Deiner Meinung nach der Irrtum?

Christ: Der Fehler liegt, eigentlich wie immer, darin, dass Leute, die nicht an Gott glauben, das riesige Vakuum, das dadurch entsteht, mit ihrer Lieblingstheorie aufzufüllen versuchen.

Schau mal: Jemand, der nicht an Gott glaubt, kann sehr viele sehr wichtige Fragen nicht oder nicht eindeutig beantworten: Warum gibt es das Universum? Warum gibt es den Menschen? Was ist der Sinn unseres Lebens? Was ist Liebe (wenn nicht nur Biochemie)? Hat der Mensch Freiheit, Würde, unveräußerliche Rechte? Und so weiter. Da er jetzt als Atheist die christlichen Antworten bestreiten will, bleiben ihm zwei Möglichkeiten:

1) Er kann sagen, dass diese Fragen grundsätzlich nicht beantwortbar sind. Das tut er dann vielleicht deshalb, weil *seine* Spezialdisziplin, sagen wir die Chemie oder die Physik, darauf keine Antwort hat. Wie wir gesehen haben, gibt es Forscher, die behaupten: *Ohne meine Wissen-*

schaft kann man gar nichts wissen! Ganz nach dem Motto: Wenn ich von dem Kuchen nichts abbekomme, soll ihn keiner haben! Dabei haben wir gesehen, dass zum Beispiel die Frage, wer Deinen Kuchen gebacken hat, ein kleines Kind beantworten kann, auch wenn es überhaupt keinen Schimmer von Chemie und Physik hat.

2) Er kann die Erkenntnisse, die er auf *seinem* Spezialgebiet gemacht hat, so weit ausweiten und verallgemeinern, dass für die eben genannten urmenschlichen Fragen kein Platz mehr bleibt und er auf diese Weise sein Vakuum aufgefüllt hat. Frei nach dem Motto: Ich mache meine Theorie so groß, dass jeder daran glauben muss, weil keiner mehr an ihr vorbei kommt! Ganz im Gegensatz zur christlichen Theologie, die den Forscher forschen und den Mönch beten lässt, wird hier gesagt: *Mönch, hör auf zu beten, es gibt keinen Gott, Forscher, hör auf zu forschen, ich hab schon alles geklärt.* Der Naturwissenschaftler, der einen Haufen Atome und Neuronen vorfindet und sich damit besser auskennt als mit Inhalten, die in anderen Fakultäten gelehrt werden, sagt also: *Leute, es gibt nur Atome und Neuronen, also schließt die Fakultäten für Theologie, Philosophie, Jura, Musik etc, das ist alles Quatsch, ihr braucht nur mich!* Und unser radikaler Konstruktivist, der richtigerweise erkannt hat, dass Menschen Dinge nicht nur wahrnehmen, sondern auch interpretieren, sagt nun: *Leute, es gibt nur Interpretationen, keine objektive Erkenntnis, also schließt die Kirchen (oder Synagogen/Moscheen/Tempel) die Labore,*

die Rechtsinstitute, das ist alles Quatsch, ihr braucht nur mich! (Dabei musste unser lieber Konstruktivist für die Aufstellung seiner Theorie natürlich Erkenntnisse heran ziehen, die – weil nicht objektiv – laut seiner eigenen Ansicht gar nicht hätten verwendet werden dürfen.)

Den vielen Wissenschaftlern, die dieser Versuchung widerstehen und ganz nüchtern die Grenzen ihrer Disziplin erkennen und einhalten, kann also gar nicht genug Respekt gezollt werden.

Kritiker: Daran mag etwas dran sein. Aber um diese Denkweisen überzeugend zu widerlegen, müsstest Du Dich selbst auf das Terrain der Philosophie begeben, um darzulegen, dass es doch eine Wahrheit gibt.

Christ: Okay, dann will ich das jetzt tun, obwohl ich mir ein wenig albern vorkomme, derartig grundlegende und einfache Dinge erklären zu müssen. Nur jemand, der den Kopf voller abstrakter Theorien hat und daran irre geworden ist, kann die Existenz von Wahrheit bestreiten, kein gesunder Kopf käme jemals auf eine derart haarsträubende Idee.

Kritiker: Du sollst nicht lamentieren, sondern argumentieren.

Christ. Na schön, hör zu: Wahrheit ist so grundlegend, dass sie immer schon gegeben ist, sobald *irgendetwas* existiert. Selbst zu dem Zeitpunkt der Geschichte des Universums, an dem es noch keinen einzigen Planeten, sondern, sagen wir mal, nur ein einziges Atom gegeben hat, gab es schon Wahrheit, weil in diesem Moment die Aussage *es existiert ein Atom* wahr und die Aussage *es existieren zwölf Atome* unwahr gewesen wäre. Noch einfacher: Sobald irgendetwas existiert, ist die Aussage *irgendetwas existiert* wahr und die Aussage *es existiert kein Ding* unwahr. Und Wahres könnte ich nicht von Unwahrem trennen, gäbe es keine Wahrheit. Das war schon die ganze Beweisführung. Einen einfacheren, plausibleren Gedanken kann es nicht geben. Wer das nicht versteht, der will es nicht verstehen.

Kritiker: Das leuchtet mir ein. Gäbe es keine Wahrheit, könnte ich ja keine Aussage als Falschaussage entlarven, alles Gerede wäre gleich wahr oder unwahr.

Christ: Noch mehr: Gäbe es keine Wahrheit, könnte ich nicht nur nicht die Aussage x von Person y als wahr oder unwahr einstufen, ich könnte nicht mal sagen, y hätte überhaupt irgendetwas gesagt. Genauso wenig könnte ich behaupten, dass es Person y überhaupt gibt, weil dann ja die Aussage *y existiert nicht* unwahr wäre und ich ja wieder Wahrheit brauche, um diese Unwahrheit festzustellen.

Kritiker: Der Satz *es gibt keine Wahrheit* wäre also nur dann zutreffend, wenn nichts existiert?

Christ: Er trifft nie zu, weil ja irgendetwas existieren muss, damit es zu diesem Satz kommt. Irgendjemand muss ihn ja denken, schreiben oder aussprechen. Zudem ist dieser Satz ein Widerspruch in sich, weil er ja das voraussetzt, was er bestreitet; dieser Satz hat ja selbst einen Anspruch auf Wahrheit. Doch wie sollte dieser Satz wahr sein, wenn es keine Wahrheit gibt? Wenn also jemand zu Dir sagt *es gibt keine Wahrheit*, frage nur einfach zurück: War dieser Satz jetzt wahr oder unwahr? Schon fängt Dein Gegenüber an zu stottern und muss alles zurück nehmen.

Auch alle anderen Sätze, die die Wahrheit nicht ganz leugnen, aber doch abschwächen wollen, sind völlig unsinnig, Sätze wie *alle Religionen sind gleich wahr* beispielsweise. Wenn der Christ an den dreieinen Gott glaubt, der Jude aber nur an eine göttliche Person – können dann beide recht haben? Wenn der Buddhist an die Reinkarnation glaubt, der Moslem diese aber strikt ablehnt – kann es dann eine Wiedergeburt gleichzeitig geben und nicht geben? Es gibt nur eine einzige Möglichkeit, von der Gleichwertigkeit der Religionen auszugehen, nämlich dann, wenn in keiner Religion auch nur ein Funken Wahrheit enthalten wäre. Dann wären in der Tat alle Religionen gleich wahr – nämlich überhaupt nicht. Diese Meinung kann man natürlich durchaus vertreten, das sollte man dann aber auch offen und ehrlich tun und sich nicht feige hinter wohlmeinenden Phrasen verstecken.

Dass diejenigen, die die Existenz von Wahrheit bestreiten, sich ihrer Sache selbst nicht so sicher sind, merkt man oft an einer feinen sprachlichen Unterscheidung; sie trauen sich nicht, klipp und klar zu sagen, dass es ihrer Meinung nach keine Wahrheit gibt, sondern sagen stattdessen lieber: Es gibt ja nicht *die* Wahrheit, sondern nur *Deine* und *meine* Wahrheit oder Wahrheit *für Dich* und *für mich*. Sie setzen damit den Gesprächspartner unter Druck, der dann nur noch zustimmen kann oder sich den Vorwurf gefallen lassen muss, intolerant und besserwisserisch zu sein. So wird letzten Endes auch jede Form von Vernunft zerstört. Wir alle wollen vernünftig sein und feiern die Aufklärung als Sieg der Vernunft – doch die Vernunft wird in kaum einem Lebensbereich mehr zu Rate gezogen. Die Vernunft wurde ersetzt durch Ideologien und durch den Subjektivismus (»Das muss jeder selbst für sich entscheiden«), der jeden Unsinn gelten lassen muss. Ist es vernünftig, wenn der Bundesumweltminister aus Umweltschutzgründen mit der Bahn fährt und seinen Chauffeur mit dem Dienstwagen nachreisen lässt? Ist es vernünftig, wenn weltberühmte Schauspieler analog der Lehre eines drittklassigen Science-Fiction-Autors glauben, dass die Menschheit 350 Milliarden Jahre alt ist? Ist es vernünftig, wenn immer mehr Menschen an die magischen Kräfte von Talismanen und Heilsteinen glauben? Die Blütezeit von Magie und Aberglauben ist nicht etwa das Mittelalter, sondern der Beginn der Neuzeit (Wahrsagerei, Alchimie) – und das 21. Jahrhundert! Und der strategische Vorteil für jede Art von Scharlatanerie und Hokuspokus in unserer Zeit ist der, dass keine Weltanschauung, so lächerlich sie auch ist, kritisiert werden darf; das wäre ja vermessen und intolerant. Frage ich einen Tarotkartenleger, ob sein Tun einer kritisch-rationalen Betrachtung standhält, bemerkt er einfach, dass ja jeder selber wissen müsse, woran er glaubt – Thema beendet. Wenn der Papst zu einer Neuordnung des Verhältnisses von Glaube und Vernunft aufruft, fordert er nicht mehr Glauben, sondern mehr Vernunft!

Wenn ich nicht mehr über Wahrheit sprechen darf, bleibt auch die Vernunft auf der Strecke.

Kritiker: Es stimmt aber doch, dass jeder Mensch

einen anderen Zugang zur Wahrheit hat, dass die Dinge für mich anders aussehen als für Dich.

Christ: Natürlich. Aber das ist nur ein weiterer Beweis für die Existenz von Wahrheit; wie könnten sonst alle Menschen einen Zugang zu ihr haben? Bevor die Dinge – für jeden Menschen zugegebenermaßen anders – erscheinen, müssen sie doch zunächst einmal da sein. Und dass überhaupt etwas existiert, ist keine Wahrheit für mich oder für 13% der Menschheit, sondern für alle.

Kritiker: Gut. Aber das Zurückstellen der Wahrheitsfrage bietet doch den Vorteil, dass der Gedanke der Toleranz gefördert wird; alle Fanatiker zeichnen sich doch dadurch aus, dass sie sich im Besitz der absoluten Wahrheit wähnen. Wenn diese Gewissheit erschüttert wird, kann ein toleranterer Dialog möglich werden. Du bist doch trotz allem für Toleranz, oder?

Christ: Natürlich bin ich für einen toleranten Dialog (und nicht wie Nietzsche der Meinung, dass Toleranz Misstrauen in das eigene Ideal sei), aber die Toleranz kann doch den *Inhalt* des Dialogs nicht ersetzen. Tolerant kann doch immer nur die *Art und Weise* sein, mit der ich meine Meinung vertrete. Den *Inhalt* eines Dialogs bildet meine Überzeugung, mein *Verhalten* im Dialog sollte bestimmt werden von Toleranz, von Freundlichkeit und von dem Vermögen zuzuhören. Wenn ich keine eigene Meinung vertrete (das aber freundlich und tolerant), bin ich nur Publikum des Monologs des anderen Gesprächsteilnehmers, dann bin ich nicht dialogfähig. Einige Politiker sind der Meinung, der richtige Umgang mit dem Islam bestünde darin, die eigene Kultur und die eigenen Wurzeln immer mehr zu beschneiden und zurück zu drängen, nach dem Motto: *Wenn wir jetzt noch etwas freundlicher sind und unsere eigene Weltanschauung noch etwas mehr zurück stellen, dann müssen die Muslime uns doch irgendwann sympathisch finden!* Aber das genaue Gegenteil ist der Fall: Je mehr wir unsere Herkunft, unsere Kultur und unsere Wurzeln verleugnen, desto größer ist die Verachtung, die gläubige Moslems für uns empfinden. Eine häufig gehörte Bemerkung von Muslimen lautet: »Ihr Deutschen glaubt ja an nichts.« Im Gegensatz dazu haben viele Muslime, die am Rande des Weltjugendtags in Köln interviewt wurden, geäußert, wegen dieser beeindruckenden Veranstaltung ein wenig Respekt vor Deutschland zurück gewonnen zu haben.

Muslime in Deutschland ziehen sich also nicht in ihre Parallelwelten zurück aus Angst, von der abendländischen Kultur eingeengt zu werden, sondern aus Ekel vor unserer Kultur- und Traditionsvergessenheit. Jemand, der aus einem Kulturkreis kommt, in dem Religion und Tradition wirksame Elemente sind, die Gemeinschaftsgefühl und Identität stiften, empfindet Denkweisen wie *alles kann, nichts muss, anything goes* oder *erlaubt ist, was gefällt* nicht als Fortschritt der Aufklärung, sondern als Auflösungserscheinungen einer Gesellschaft. Wenn Gottlosigkeit und Spaßgesellschaft alles ist, was wir zu bieten haben, werden alle nichteuropäischen Völker (nicht nur die arabischen) uns anschauen wie einen gestrandeten Wal: Der Wal hatte ein langes Leben und besitzt eine noch immer imponierende Größe, aber er siecht dahin, und er stinkt zum Himmel.

2.3 Zwischenspiel: Der Kontakt

Im Jahre 2037 ist es so weit: Die Weltraumsonden der NASA empfangen Signale aus dem All. Codierungsexperten stehen jedoch vor einem Rätsel; die übermittelten Informationen sind mit keinen menschlichen Lauten oder Zeichen vergleichbar und schlichtweg nicht zu dechiffrieren. Doch am 28. November des Jahres 2037 gehen erneut Signale ein, die diesmal in lupenreiner, fehlerfreier Erdensprache formuliert sind:

»Liebe Bewohner des Planeten Erde! Hier spricht der Kapitän eines Erkundungsschiffs der Balmorianer vom Planeten Balmor im Quadranten HQ 4.5. An Bord ist unser zuständiger Botschafter für Kultur und interplanetaren Dialog Sol Manor. Wenn Kontakt und Austausch erwünscht sind, geben Sie bitte Rückmeldung innerhalb 48 Erdenstunden.«

*Die Nachricht schlägt ein wie eine Bombe. Hektisches Treiben beginnt im NASA-Hauptquartier. Soll man darauf eingehen? Kommen die Balmorianer wirklich in friedlicher Absicht? Was soll man antworten? **Wer** soll antworten? Flugs wird eine hyperstrenge Nachrichtensperre verhängt. Die Öffentlichkeit soll nicht in Panik geraten. Nur die allerwichtigsten Vertreter aus Politik, Wirtschaft und Wissenschaft werden eingeweiht und eiligst eingeflogen. Tagungen,*

Versammlungen, rauchende Köpfe. Eine Entscheidung muss her. Schließlich wird die Neugierde so groß, dass sie obsiegt. Sagt Sol Manor zu, er soll kommen! Unter strengsten Sicherheits- und Geheimhaltungsvorkehrungen landet der balmorianische Gesandte in einem Tarnshuttle auf der Erde.

Der erste, der ihn sprechen soll, da war man sich schnell einig, ist der mächtigste Mann der Erde, der amerikanische Präsident. Sol Manor erzählt viel von der Zivilisation auf Balmor, der Präsident versteht kaum die Hälfte davon, nur dass es auf Balmor im Quadranten HQ 4.5 unglaublich friedlich und harmonisch zugehen muss. Die Fragen, die Sol ihm stellt, sind ebenfalls recht merkwürdig und schwer zu beantworten. Gern hätte er seinem extraterrestrischen Besucher ausführlich von der Geschichte der Vereinigten Staaten erzählt, dem Unabhängigkeitskrieg, dem Bürgerkrieg, den erfolgreichen Kriegen im 20. und 21. Jahrhundert. Aber die Miene seines Gegenübers scheint sich mit jedem seiner Worte zu verhärten. Von der Herzlichkeit der Begrüßung ist nur noch pflichtschuldige Höflichkeit geblieben. Der Präsident verlässt den Raum. Hat er etwas Falsches gesagt?

Als nächstes unterhält sich Sol Manor mit den einflussreichsten Vertretern von Wissenschaft und Wirtschaft. Auch diese Gespräche sind recht verkrampft. Die Wissenschaftler scheinen sich mehr für das Schiff des Botschafters als für den Botschafter selbst zu interessieren. Die Wirtschaftsvertreter benutzen seltsame Wörter, die anscheinend zwar zu der Erdensprache gehören, die Sol vor der Reise gelernt hat, aber auf seinem zugegebenermaßen einige Erdenjahrzehnte veralteten Sprachchip einfach nicht zu finden sind. Ein letztes Mal startet er den Versuch, die Wurzeln der Menschheit und die gewachsene Weisheit der Erdenzivilisation in Erfahrung zu bringen; das war schließlich sein Auftrag.

84

»Noch einmal in ganz einfachen Worten«, sagt er zu dem letzten Erdenbewohner, der ihm gegenüber Platz genommen hatte, »ich habe jetzt gesprochen mit Ihrem Oberkrieger, Ihrem Obertechniker und Ihrem Obergeldbevollmächtigten. Verzeihen Sie, wenn die Begrifflichkeiten nicht ganz korrekt sind, ich hatte etwas Mühe, den einzelnen Ausführungen zu folgen. Wir auf Balmor nun kennen keinen Krieg und, ohne dass ich viel davon verstehe, scheint mir Krieg doch etwas zu sein, das in gewisser Weise verzichtbar ist. Ich hoffe, ich trete Ihnen nicht zu nahe mit dieser Bemerkung. Wirtschaft und Wissenschaft haben auch bei uns eine große Berechtigung und leisten uns viele Dienste, sind aber ständigen Änderungen unterworfen. Ich persönlich bin etwas altmodisch und habe mich vor gut 20 Ihrer Erdenjahre noch von Ort zu Ort gebeamt, können Sie sich das heutzutage noch vorstellen?

Aber wer auf Ihrem Planeten ist denn zuständig dafür, dass Wahrheit und Weisheit gepflegt werden? Nach unseren Berechnungen besitzt ihr Planet die Fähigkeit sowohl der mündlichen als auch der schriftlichen und digitalen Bewahrung des Wissens der Gesamtzivilisation. Sie werden ja kaum auf die wichtigsten Fragen des Lebens in jeder Generation neu bei Null anfangen. Also wann kann ich endlich den Vertreter der Behörde oder Organisation treffen, die dafür Sorge trägt, dass die Erfahrung und die Weisheit der Menschheit bewahrt und weiter gegeben wird?«

»So eine Behörde«, antwortet der Erdenvertreter, »gibt es bei uns nicht.«

Nachdem Sol Manor den Rückflug angetreten hatte, blieben die Geheimhaltungsvorkehrungen hoch, alle Beteilig-

ten wurden zu strengstem Stillschweigen verpflichtet. Die Menschheit sollte von diesem Besuch niemals erfahren.

2.4 Kann ich nicht auch ein guter Mensch sein, ohne Christ zu werden?

Kritiker: Du glaubst doch nicht, dass nur Christen in den Himmel kommen, oder?

Christ: Nein. Würde ich behaupten, alle Nichtchristen kämen auf direktem Weg in die Hölle, würde ich mir ein Urteil anmaßen, das mir nicht zusteht und Gottes Barmherzigkeit die Grenzen meiner eigenen Hartherzigkeit aufzwingen.

Kritiker: Kann ich denn dann nicht auch so ein guter Mensch sein, ohne Christ zu werden?

Christ: Diese Fragestellung geht davon aus, dass man unter Gutsein etwas verstehen kann, was unabhängig ist von meiner Weltanschauung. So als ob ein Atheist und ein Christ nur in ganz abseitigen, spekulativen Fragen anderer Meinung wären, unter Moral und Gerechtigkeit aber dasselbe verstünden. Das ist aber ganz und gar nicht so. Beide sind zwar zum Beispiel der Meinung, dass jedem Kind eine ausreichende Bildung ermöglicht werden sollte, aber über den Inhalt der Bildung werden Atheisten und Christen sehr unterschiedlicher Ansicht sein. Beide treten für die Menschenrechte ein, können aber darunter etwas ganz anderes verstehen. Es gibt beispielsweise Personen, die – in bewusster Ablehnung des christlichen Menschenbildes – davon überzeugt sind, dass es gut und gerecht ist, behinderte

Menschen (mit oder ohne deren Einverständnis) zu töten, um diesen (oder ihren Eltern) Leid zu ersparen. Ich meine damit jetzt nicht die Nazis, sondern einflussreiche Philosophen und Rechtsgelehrte der heutigen Zeit. Damit will ich natürlich nicht aussagen, dass jeder Atheist diesen Standpunkt teilt. Klar dürfte aber sein, dass ich zuerst wissen muss, was gut ist und dann anfangen kann, gut zu handeln. Meine Antwort auf die Frage, ob es einen Gott gibt oder nicht und ob Jesus Christus der Weg, die Wahrheit und das Leben ist oder nicht, hat natürlich einen entscheidenden Einfluss darauf, was ich unter gut verstehe und was nicht. Ich habe mehr Respekt vor Menschen, die diese Frage nach aufrichtigem Ringen um die Wahrheit falsch beantworten und den Irrweg konsequent weiter verfolgen als vor Menschen, die sich um diese Frage einfach drücken. Denn wer diese Frage stellt, ist sich ja keineswegs sicher, dass das Christentum unwahr ist – sonst würde er diese Frage gar nicht stellen. Meine Antwort lautet also: Finde in aller Offenheit und Vorurteilslosigkeit heraus, welche Weltanschauung die wahre ist – und dann lebe danach. Egal, ob Deine Antwort richtig oder falsch ist – Du bist in jedem Fall ein aufrichtiger Mensch und kein Feigling.

2.5 Beten?

Kritiker: Selbst wenn ich jetzt annehme, dass es sehr wahrscheinlich einen Gott gibt und dieser Gott die Liebe ist, verspüre ich dennoch keinerlei Antrieb, mich hinzusetzen und, sagen wir mal, ein Vaterunser zu beten. Ich käme mir dabei irgendwie komisch vor und hätte das Gefühl, irgendwelche Worte, die nicht die meinen sind und mir nichts sagen, sinnlos herunter zu leiern.

Christ: Das ist vollkommen selbstverständlich, dass Du so denkst. Stell Dir mal vor, ich hätte nicht versucht, Dich von der Existenz Gottes, sondern von der Existenz einer wahnsinnig tollen, interessanten Frau zu überzeugen. Stell Dir weiter vor, Du hättest zunächst nicht gedacht, dass es diese Frau überhaupt gibt. Irgendwann hättest Du aber meinen Ausführungen geglaubt und eingestanden: diese Frau lebt tatsächlich. Daraufhin hätte ich Dir ein Blatt Papier und einen Stift gegeben und Dich aufgefordert, dieser Frau nun einen Liebesbrief zu schreiben. Wie hättest Du reagiert?

Kritiker: Ich wäre irritiert gewesen und hätte nicht gewusst, was ich hätte schreiben sollen. Was schreibt man denn auch einem Menschen, den man nie kennen gelernt hat?

Christ: Eben. Genau da liegt Dein Problem. Man kann nicht zuerst einen Liebesbrief schreiben und dann die umworbene Frau kennen lernen, es läuft umgekehrt.

Kritiker: Und genau so ist es mit Gott? Ich muss ihn also erst kennen lernen, bevor ich zu ihm beten kann?

Christ: Wenn man es so formuliert, klingt es ein wenig so, als wenn Gott besonders große Mühe darauf verwenden würde, sich zu verbergen und die Aufgabe des Menschen darin bestünde, ihn irgendwie zu packen zu kriegen. So ist es nicht: Gott selbst ist Initiator der Beziehungen zu jedem einzelnen Menschen, noch bevor der Mensch die allerzaghafteste Initiative ergreift. Wir müssen nicht den Part des großen Machers spielen, sondern den des Antwortenden. Aber, und in dem Punkt hast Du Recht, die Frage, die in jedes menschliche Herz gelegt ist, muss in uns erwachen, um eine Antwort zu versuchen, die nicht hohl und auswendig gelernt klingt.

Kritiker: Und wenn die Frage nicht erwacht? Ganz blöd gefragt: Wenn ein Mensch nicht an Gott glaubt und die Frage in seinem Herzen nicht erwacht, wie Du es nennst – was kann denn dann dieser Mensch dafür? Soll doch Gott die Frage erwachen lassen!

Christ: Vielleicht war der Ausdruck *erwachen* etwas irreführend, da er die Vermutung nahe legt, die Frage schliefe. Das tut sie ganz und gar nicht, sie ist bereits hellwach. Sie kann sich nur kein Gehör verschaffen, wenn tausend andere Fragen, Sorgen, Wünsche, Probleme und Gedanken ihr die Luft zum Atmen abschneiden.

Kritiker: Ich soll also alle meine Wünsche und Probleme vernachlässigen, um einer Frage nachzugehen, deren Antwort ich nicht kenne und von deren Existenz ich nicht mal hundertprozentig überzeugt bin? Klingt nicht sehr verlockend.

Christ: Du sollst weder deine Probleme ignorieren noch deine Wünsche aufgeben. Aber wenn wir ehrlich sind, müssen wir zugeben, dass wir die meisten Gedanken, die wir heute hatten, auch schon gestern und letzte Woche und im Monat davor gedacht haben. Wenn wir eine Fehde mit einem Arbeitskollegen haben, denken wir immer wieder daran, wie schön es doch wäre, dieser Person einmal so richtig die Meinung zu sagen. Wenn es eine Partei oder politische Weltanschauung gibt, die wir favorisieren, denken wir – besonders über die Gegenseite – immer wieder dieselben Gedanken. Ich habe einmal gelesen, dass wir jeden Tag etwa 6.000 Gedanken denken. Keine Ahnung, ob diese Zahl stimmt, auf jeden Fall gleicht unser Kopf mittlerweile einem Konferenzraum, in dem rund um die Uhr eine Tagung stattfindet. Und die meisten dieser Tagungen tun nichts anderes als zu tagen – sie fassen niemals einen Beschluss. Diese ständigen um sich selbst kreisenden Tagungen lähmen und blockieren uns und – behindern unsere Beziehungen zu Gott und zu den Menschen. *Ich habe gerade keine Zeit, ich bin in Besprechung.*

Mir selbst geht es da übrigens keinen Deut besser; ich fuhr neulich Zug und hatte wieder den Kopf voller Gedanken über Religion, Politik, Glaube und Vernunft etc. Da bekam ich noch so gerade im Augenwinkel mit, wie eine ältere Frau an einer Haltestelle ihren Rollator mit Mühe alleine aus dem Zug zerrte. Ich hatte die Chance Nächstenliebe zu *praktizieren* verpasst, weil ich stattdessen lieber darüber *nachdachte.*

Gott kann sich also selbst dann kein Gehör verschaffen, wenn er uns vermeintlich ungestört antrifft. Wie viel schwerer zugänglich sind wir dann erst, wenn Fernsehen, Internet, Radio, DVD, Computer etc. uns zudröhnen? Es gibt mittlerweile Leute, die nur noch mit laufendem Fernseher einschlafen, Technofans favorisieren CDs, die auf die Pausen zwischen den Liedern verzichten und DJs stellen ihre Kunstfertigkeit vor allem dadurch unter Beweis, dass sie das aktuelle Lied möglichst elegant in das folgende übergehen lassen. Jedes noch so kleine Zeitfenster, das für eine Besinnung genutzt werden könnte, wird geschlossen. Und wenn die Musik mal aus ist, plärrt sie ungefragt in unserem Kopf weiter. Wer von uns kennt nicht das Phänomen des Ohrwurms? Wieso läuft eigentlich in unserem Kopf der CD-Player, obwohl wir uns nicht erinnern können, jemals die Play-Taste bedient zu haben?

Kritiker: Was ist nun dagegen zu tun? Inne halten und still werden?

Christ: Ja. Diesen positiven Aspekt der Stille und des Schweigens gibt es im Grunde in jeder Religion (Meditation, Zen, Kontemplation etc.).

Kritiker: Ich soll mich also einfach hinsetzen und die Klappe halten?

Christ: Stell Dir das nicht zu leicht vor. Ich wette, Du kriegst es nicht hin, auch nur 30 Sekunden lang ganz still zu sein, weder zu sprechen noch irgendeinen Gedanken zu haben noch Musik in Deinem Kopf zu hören.

Pause.

Kritiker: Du hast Recht, ich habe komplett versagt. Ständig kamen mir irgendwelche Gedanken. Ich hatte nicht mal das Gefühl, es wären meine eigenen, sondern Gedanken, die sich von außen dazugeschaltet hätten als wäre ich ein Funkgerät, das irgendwelche Signale empfängt. Außerdem lief im fernen Hintergrund Musik.

Christ: Das kann man aber leicht trainieren, auch wenn es am Anfang noch aussichtslos erscheint. Wer jeden Tag ein paar Minuten darauf verwendet, still zu sein zu üben, kann nach ein, zwei Wochen schon große Fortschritte feststellen. Man kann so lernen, die Kontrolle über seinen eigenen Kopf zurück zu gewinnen. Man kann auch lernen, immer wieder kehrende destruktive Gedanken zu bekämpfen. Wer beispielsweise häufig ganz spontan und unbewusst gehässige Gedanken hat beim Anblick von Personen, die unsympathisch erscheinen, kann sich ganz bewusst dafür in Gedanken entschuldigen – irgendwann kommt die Entschuldigung fast automatisch, später dann bleiben die gehässigen Gedanken einfach weg, und man wird ein liebenswürdigerer Mensch. Wir tun immer so, als käme es nur auf unsere Taten und unsere Worte an, aber das stimmt nicht; die meisten unserer Fehltritte haben wir vorher im Kopf durchgespielt und ihnen damit grünes Licht gegeben. Viele Filme und Serien, die von der Dramaturgie einer Liebesbeziehung zweier Menschen leben, die diese Beziehung aus unterschiedlichsten Gründen nicht eingehen dürften, legitimieren das Übertreten der Verbotslinie ihrer Figuren (die ja nicht gezeigt werden dürfen als Egoisten, sondern als Menschen, die einfach nicht anders können) mit der Erklärung, sie seien nun einmal verliebt und Liebende dürften (ja, müssten) alles tun. Nach diesem Bild sind wir unfreie Sklaven, die jederzeit willenlos von der Macht der Verliebtheit gefangen genommen werden können und dann wie ferngesteuert genau das tun müssen, was diese rücksichtslose Macht von uns fordert, egal, welchen Preis wir für dieses Verhalten zahlen müssen. Gott sei Dank ist es in Wirklichkeit nicht so. Wir können, ob verliebt oder nicht, wahrhaftig und rechtschaffen handeln, und auch das Gefühl der Verliebtheit nimmt nicht gewaltsam einfach so von uns Besitz. Wenn wir uns allerdings wochenlang aktiv und bewusst dem Gedanken hingeben, wie schön es wäre, mit der Freundin unseres besten Freundes zusammen zu sein und in freier Entscheidung diese Phantasien blumig ausmalen, sind wir tatsächlich eines Tages verliebt – weil wir es so wollten.

Kritiker: Das klingt jetzt etwas hart. Ist es denn nicht schön, dass wir die Phantasie besitzen, uns Dinge zu erträumen, die wir in der Realität nicht haben können?

Christ: Grundsätzlich sind Phantasie und Vorstellungsvermögen unverzichtbar, natürlich. Aber auch diese Dinge kann ich zu meinem eigenen Schaden einsetzen. In einem Webespot hörte ich neulich einen Sprecher die Frage säuseln, ob es nicht wunderschön wäre, wenn wir ab sofort jeden Moment unseres Lebens bis zum Tod genießen würden.

Kritiker: Und?

Christ: Aus Sicht des Werbetreibenden kann ich dieses Lebensmotto nur begrüßen; je mehr Momente mit Genuss angefüllt werden müssen, desto mehr Genussmittel kann ich verkaufen. Aus meiner persönlichen Sicht kann ich mir kein Motto vorstellen, das mich mit größerer Wahrscheinlichkeit todunglücklich macht: Kein anderes Lebensmotto garantiert mehr Niederlagen. Wer eine Anleitung zur Depression braucht – hier ist sie.

Kritiker: Stattdessen soll ich lieber einknicken und mir gar nicht erst etwas wünschen?

Christ: Nein. Wenn Du einen Wunsch hast, der realistisch ist und Du überzeugt bist, nach Erfüllung dieses Wunsches dauerhaft glücklicher zu sein – dann erfülle ihn dir. Wenn der Wunsch aber unrealistisch ist oder der Glücksmoment nach Erfüllung des Wunsches nur einige Momente anhält und direkt abgelöst wird von neuen Forderungen – warum quälst du dich damit?

Kritiker: Hm. Kommen wir zur Ausgangsfrage zurück. Wenn ich nun still geworden bin, kann ich also Gott oder Gottes Frage oder Gottes Einladung in meinem Herzen hören?

Christ: Nicht in dem Sinne, dass wir permanent mystische Eingebungen haben, sobald wir nur einen Moment ruhig werden. Dann kämen wir ja vom Regen in die Traufe; die unaufhörliche irdische Reizüberflutung würde von der unaufhörlichen überirdischen Reizüberflutung ersetzt. Zum einen ist es, wenn man das so sagen darf, nicht Gottes Stil zu plappern wie eine Viva-Moderatorin, zum anderen bedrängt uns Gott nicht, er lässt uns unsere Freiheit und versucht uns auch nicht durch irgendwelche Demonstrationen seiner Macht zu beeindrucken. Wenn wir still werden, dürfen wir also nicht gleich Visionen und Entrückungen erwarten, aber wir haben unseren Kanal gewissermaßen auf die richtige Frequenz eingestellt. Wir können dann besser hören und finden auch eine angemessenere Sprache. Einige Lehrer wagen das Experiment, mit ihren Schülern eine halbe Stunde lang zu schweigen. Das kann natürlich fürchterlich daneben gehen, aber wenn es klappt, hat das Verhältnis des Lehrers zu seinen Schülern und das Verhältnis der Schüler untereinander eine neue Ebene erreicht; die Gedanken und Empfindungen, die man in einem Moment der Stille entwickelt, haben mehr Ernsthaftigkeit und Tiefe. Wer nach einem Moment des Schweigens das Wort ergreift, redet automatisch langsamer und ruhiger und verleiht seinen Worten bei seinen Zuhörern nur durch das vorherige Schweigen mehr Gewicht. Das gilt im positiven wie im negativen Sinne: Wenn ich jemanden beleidigen will, kann ich diese Person im Affekt hysterisch anschreien, mache mich dadurch aber höchstens lächerlich. Schaue ich diese Person aber einige Momente schweigend an und mache dann ganz langsam und ruhig eine gering schätzende Bemerkung, ist diese Person tödlich getroffen und zutiefst verletzt. Umgekehrt zeige ich auch im positiven Sinne meinen Respekt und meine Achtung durch Ruhe und Schweigen: Niemand von uns verhält sich an Orten, die uns oder anderen Menschen heilig sind, hektisch und lärmend.

Kritiker: Soll ich denn jetzt nur schweigen oder auch etwas sagen?

Christ: Du darfst auch etwas sagen, Gott will ja eine Beziehung mit Dir führen. Vorsicht ist geboten bei Meditationstechniken, die Dir ein Schweigen nahe legen, um Dein Ego zu überwinden und Dein göttliches Ich oder ein ganzheitliches Bewusstsein zu erlangen etc. Das ist spirituelle Selbstbefriedigung.

Schweigen ist kein Selbstzweck. Aber wenn Du vorher eine Weile geschwiegen hast, findest du automatisch passendere und ehrlichere Worte. Die Frage, ob Du ein Gebet, das Du noch auswendig kennst, das Dir aber nichts sagt, herunterleiern sollst, stellt sich dann gar nicht mehr. Ehrlich wäre es in dem Fall, diese Schwierigkeiten einfach direkt anzusprechen. Wenn Du nicht hundertprozentig an Gott glaubst, darfst Du auch das ehrlich sagen – damit erzählst Du Gott ja nichts Neues. Er wäre nicht beleidigt, sondern erfreut, dass Du offen und ehrlich mit ihm sprichst. Auf keinen Fall sollte man Gott irgendein Theater vorspielen, ihm vorgaukeln, dass man fest an ihn glaubt, obwohl man es nicht tut, ihm vorgaukeln, man hätte keine Probleme, weil man denkt, man könne ihn doch nicht mit solchem Blödsinn belästigen. Gerade dadurch, dass man ihm gegenüber Dinge anspricht, die man eigentlich lieber verschwiege, beweist man sein Vertrauen und gibt ihm die Möglichkeit, positiv in unser Leben einzugreifen.

Kritiker: Wenn ich nun aber wirklich keine Probleme habe?

Christ: Dann kann Gott Dir nicht helfen.

Kritiker: Ist das jetzt Dein Ernst? Ich dachte, Gott ist für alle Menschen da! Können sich jetzt nur Hilfsbedürftige an ihn wenden oder was?

Christ: Sich an ihn wenden kann man ja auch, indem man ihn preist oder ihm dankt. Aber helfen kann er nur den Menschen, die ihn um Hilfe bitten. Ein Arzt kann doch auch nur die Menschen behandeln, die in seine Praxis kommen.

Kritiker: Ich möchte aber weder als Hilfsbedürftiger noch als Kranker vor Gott treten!

Christ: Warum nicht?

Kritiker: Weil ich nicht krank bin, ganz einfach! Ich bin zwar nicht perfekt und kein Heiliger und gehe nicht jeden Sonntag in die Kirche, aber deswegen lasse ich mich noch lange nicht als hilfsbedürftig und krank abstempeln! Das hat mich schon immer am Christentum gestört, dieses ganze buckelnde, devote *ich bin so schlecht, ich bin so sündig!*

Christ: Ich denke, und Deine Ereiferung unterstreicht das, hier ist Dein ganz persönlicher springender Punkt. Du hast Dich bisher nicht Atheist genannt wegen der Evolutionstheorie oder irgendwelcher Verbrechen der Kirche vor 1000 Jahren, sondern weil Du keine Sündigkeit und Hilfsbedürftigkeit eingestehen willst. Und, damit Du dich nicht schon wieder aufregen musst, das war keine persönliche Wertung. Wir sind alle Sünder, und keiner von uns kann aus eigener Kraft den Rest seines Lebens ohne Sünde bestreiten, also sind wir auch hilfsbedürftig. Wer diesen Satz nicht ohne Zähneknirschen über die Lippen bekommt, kann auf intellektueller Ebene so viele Argumente gegen den Glauben suchen, wie er will – das, was ihn von Gott trennt, ist nichts anderes als der Stolz.

Kritiker: Na das ist ja mal eine steile These.

Christ: Bestimmt werden viele Atheisten diese These vehement bestreiten. Häufig wird es so sein, dass der Stolz einen Menschen dazu anleitet, Argumente gegen Gott und das Christentum zu suchen. Wer dann vermeintlich fündig wird, wird seinen

Atheismus dann natürlich inhaltlich mit den gefundenen Argumenten zu begründen versuchen (und vielleicht sogar wirklich daran glauben) – der eigentliche Grund liegt aber viel tiefer.

Kritiker: Und alles, was ich jetzt sage, kann im Sinne Deiner Theorie gegen mich verwendet werden, richtig?

Christ (lacht): Im Grunde hast du nur eine Chance, meine Theorie zu widerlegen: Du kannst mir Recht geben. Das ist das einzige, zu dem der Stolz nicht fähig ist, ergo müsste ich zugeben, Deinen Stolz überschätzt zu haben.

Kritiker: Also entweder Du hast Recht, oder Du hast Recht?

Christ: Ich fürchte, Du wirst meine Rechthaberei noch eine Weile erdulden müssen. Aber zurück zu meiner unglaublich steilen These: Ich bezweifle, dass Du überhaupt in der Lage bist, eine Gegenthese aufzustellen, die Dir selber plausibel erscheint. Im Grunde habe ich doch nichts anderes getan als zu unterstellen, dass die Entscheidung, sich gläubig oder ungläubig zu nennen, eine mehr persönliche und nicht so sehr intellektuelle Entscheidung ist. Fällen wir überhaupt irgendwelche Entscheidungen allein aufgrund der intellektuellen Überzeugungskraft der Pro-Argumente? Wählt ein klassischer SPD-Wähler aus einem Arbeitermilieu die SPD, weil er deren Parteiprogramm und deren Konzepte zur Gesundheitsreform so überzeugend findet oder nicht doch deshalb, weil die neoliberale Gedankenwelt mit Begriffen wie Profitmaximierung und shareholder value bei ihm auf emotionale Ablehnung stoßen? Ist es nicht überhaupt für Politiker einfacher, Zustimmung in der Bevölkerung zu finden, wenn nicht die eigenen komplizierten Entwürfe beworben werden müssen, sondern man stattdessen ein Schreckensszenario entwerfen kann, das den Bürgern droht, wenn sie die andere Partei wählen?

Kritiker: Hm, es gibt aber auch andere Fälle. Ich würde beispielsweise nicht jedem Personalchef unterstellen, bei einer Bewerberin mehr auf die Oberweite als auf die Noten zu schauen, auch wenn so etwas in Einzelfällen vorkommen mag.

Christ: Okay, bleiben wir bei Deinem Beispiel: Wie würde sich Deiner Meinung nach die Gewichtung der inhaltlichen und emotionalen Aspekte verlagern, wenn der Personalchef jemanden einstellen soll, der nicht drei Stockwerke unter ihm als Lagerist herum werkelt, sondern jemanden, der auf Jahre hin mit dem Personalchef selbst eng zusammen arbeitet?

Kritiker: In dem Fall würde auch Sympathie eine Rolle spielen, klar.

Christ: Kannst Du also den Satz unterschreiben, dass wir immer dann verstärkt gefühlsmäßige Aspekte in eine Entscheidung einfließen lassen, wenn die Konsequenz dieser Entscheidung uns selbst emotional betrifft?

Kritiker: Ja, doch.

Christ: Und nichts anderes habe ich behauptet. Welche Frage könnte uns emotional mehr betreffen als die, ob wir uns und unser ganzes Leben Gott unterwerfen, der uns lenkt, führt, beschützt und in Ewigkeit bei sich haben will oder ob wir uns versuchen allein durchzuschlagen?

Kritiker: Ein Atheist sagt also: »Lieber Gott, lass mich in Ruhe, ich will mich allein durchschlagen.«?

Christ: Genau. Das ist allerdings nicht das, was er sagt, wenn er nach dem Grund seiner Haltung gefragt wird. Es kommt allerdings vor, dass Atheisten genau das zugeben. Jean-Paul Sartre, einer der berühmtesten Atheisten des letzten Jahrhunderts, hat einmal in erstaunlich offener Weise den wahren Grund seiner Haltung enthüllt. Er schrieb, dass er als Kind einmal nur den zweitbesten Aufsatz über ein religiöses Thema geschrieben hatte und deswegen fürchterlich gekränkt war. In einer weiteren Begebenheit fühlte er sich als Kind von Gott dabei beobachtet, wie er zuhause verbotener Weise mit Feuer herum spielte und einen leichten Brandschaden verursachte. Die Tatsache, dass er sich beobachtet fühlte, obwohl kein anderer Mensch in der Wohnung war, machte ihn nun so wütend, dass er eine minutenlange Schimpf – und Fluchkanonade gegen Gott abfeuerte. Danach, so Sartre, ließ Gott ihn in Ruhe und behelligte ihn nicht mehr.

Kritiker: Das hat Sartre geschrieben?

Christ: Ja. Kann man jetzt noch allen Ernstes behaupten, dass Sartre Atheist war, weil er nicht glaubte, dass Gott überhaupt existiert?

Kritiker: Nein, er hatte nur den Anfang der Beziehung zu Gott ziemlich verbockt.

Christ: So ist es. Seine Eitelkeit und sein Stolz standen der Beziehung im Weg.

Kritiker: Aber zu dem genannten Zeitpunkt war Sartre doch noch ein Kind. Gab es denn keine Möglichkeit, die Beziehung jemals wieder neu anzufangen?

Christ: Die Möglichkeit gibt es immer, in buchstäblich jeder Sekunde unseres Lebens bis zu unserem Tod. Ich bin sogar überzeugt, dass nach einem Leben voller Hass und Stolz eine einzige Minute der aufrichtigen Reue am Totenbett genügt, um doch nicht verloren zu gehen.

Kritiker: Das reicht? Man kann sich noch am Sterbebett bekehren?

Christ: Ja, das Gleichnis von den Arbeitern im Weinberg des Herrn (die ersten Arbeiter arbeiten ab 6 Uhr morgens, andere ab mittags, die letzten nur noch eine Stunde, alle bekommen aber denselben Lohn) spricht dafür. Gottes Barmherzigkeit ist nahezu grenzenlos. Die einzige Grenze, die ihr gesetzt ist, ist unsere Freiheit: Zwingen kann er uns nicht.

Kritiker: Dann kann ich also theoretisch munter drauf los sündigen, kurz vor meinem Tod beichten und auf den letzten Drücker noch eben das ewige Leben mitnehmen?

Christ: Zwei Probleme gibt es dabei.

Kritiker: Das dachte ich mir …

Christ: Wer garantiert Dir denn, dass Du noch die Möglichkeit der Versöhnung bekommst? Du kannst ja auch von einer Sekunde auf die andere sterben.

Kritiker: Und das andere Problem?

Christ: Wie soll denn derjenige, der sein ganzes Leben lang gewissenlos gelebt hat, auf die Schnelle aufrichtige Reue entwickeln? Es kommt bei der Beichte ja nicht so sehr auf die richtigen Worte an, sondern auf ein demütiges Herz. Und wieso sollte sich jemand, der den von Dir beschriebenen Plan im Alter von zwanzig gefasst hat, am Ende des Lebens überhaupt noch daran erinnern?

Kritiker: Also ist dieser Weg in den Himmel doch versperrt?

Christ: Nein, prinzipiell ist er möglich, man sollte sich ihn nur nicht so leicht vorstellen.

Kritiker: Noch mal zurück zur Demut und Sündhaftigkeit: Ist es denn nicht emotional verständlich, dass man sich selbst nicht gern als sündig und hilfsbedürftig beschreibt? Steht denn diese Selbstkritik und Demut nicht im Widerspruch zum Bestreben des modernen Menschen, ein freier, mündiger und selbstbestimmter Bürger zu sein?

Christ: Doch, genau das ist die zentrale Auseinandersetzung zwischen Christentum und modernem Zeitgeist: Demut gegen Stolz. Nietzsche sprach vom Herrenmenschen, dem die Nächstenliebe nur ein Hindernis bei seinem steilen Aufstieg war, Hitler (»Die Jahrtausende der Demut und Unterwerfung sind vorüber – Das heldische Zeitalter ist angebrochen«) und Stalin wollten Gott und Gewissen abschaffen, und auch heute sieht sich die Kirche einem rauen Gegenwind des Stolzes ausgesetzt: Das eigentliche Ärgernis der vielen Kirchenkritiker ist die Tatsache, dass da im 21. Jahrhundert immer noch jemand wagt, von Moral und Wahrheit zu sprechen und damit die Stimme des Gewissens, die schon mehrere Mordanschläge überlebt hat, weiterhin am Leben hält. Augustinus sagte noch: »Liebe – und dann tue, was Du willst.« Der Zeitgeist der Moderne hat den ersten Teil des Satzes gestrichen.

Kritiker: Also sollen wir unsere Freiheit aufgeben?

Christ: Nein. Freiheit ist neben Liebe vielleicht sogar *der* zentrale Begriff des Christentums. Nur Freiheit *von Gott* führt uns in unzählige neue Sklavereien – wir sind dann Gefangene des Zorns, des Neides, der Geilheit, des Aberglaubens (der Hauptgegner des Glaubens im 21. Jahrhundert wird nicht der Atheismus sein, sondern die Esoterik) und des Konsums. Stattdessen geht es dem Christentum um Freiheit *für Gott.* War denn beispielsweise der hl. Franz von Assisi im Vergleich zu uns beiden ein unfreier Mensch? War er gefangen von der Vorstellung, reich und beliebt zu sein? War er permanent besorgt um seinen finanziellen und gesellschaftlichen Status quo? Brauchte er Alarmanlagen und Versicherungen? Nein, er war frei für Gott – und alles andere interessierte ihn nicht die Bohne.

Kritiker: Aber man kann doch heute nicht mehr so leben wie Franziskus, wie soll das möglich sein im 21. Jahrhundert?

Christ: Eben! Das ist doch genau das, was ich sage. Wir reden permanent davon, wie wichtig uns unsere Freiheit ist, in Wirklichkeit haben wir aber keine. Wenn wir so unglaublich frei wären und tun und lassen könnten, was wir wollen – wieso sollte uns dann ein so simpler Lebensentwurf wie der von Franziskus unmöglich sein? Was wir haben, ist die Freiheit, uns Schaden zuzufügen und uns neue Systeme der Unfreiheit zu erschaffen. Wir können im Gegensatz zu Franziskus die Ehe brechen und, um zu verhindern, dass wir auffliegen, ein Lügengebäude errichten, das wir nicht verlassen können. Wir können im Gegensatz zu Franziskus zu viel trinken/rauchen/koksen und uns damit in körperliche Abhängigkeiten begeben. Wir können im Gegensatz zu Franziskus immer neuen Arten der kurzzeitigen Vergnügungen nachgehen und uns damit in seelische Abhängigkeiten begeben. Wir können im Gegensatz zu Franziskus immer mehr Macht anhäufen, die wir dann rücksichtslos verteidigen müssen. Wir können im Gegensatz zu Franziskus immer mehr Besitz anhäufen, den wir dann permanent gegen Diebstahl, Beschädigung oder Kursverfall absichern müssen. Wir können uns im Gegensatz zu Franziskus trendy und modisch geben und müssen dann allen neuen Moden hinterher laufen. Wer ist jetzt frei und wer unfrei?

Kritiker: Und wenn ich jetzt aber einfach nicht auf die Dinge, auf die Franziskus verzichtet hat, verzichten *will*?

Christ: Dann offenbarst Du genau jene Unfreiheit und Abhängigkeit, von der ich sprach.

Kritiker: Und Du befindest Dich nicht in dieser Abhängigkeit, oder was?

Christ: Doch, ich bin ja nicht Franziskus, sondern ein Mensch des 21. Jahrhunderts. Ich bin auch abhängig von dem ganzen Quatsch. Deshalb bin ich ja hilfsbedürftig.

Kritiker: Also hat Gott Dir bis zum jetzigen Zeitpunkt noch nicht geholfen?

Christ: Doch, so weit ich ihn bisher gewähren ließ, hat er mir geholfen.

Kritiker: Scheint aber ja noch nicht viel dabei herumgekommen zu sein, wenn Du immer noch abhängig bist.

Christ: In Bezug auf die Dinge, die ich bereits *habe*, stimmt das. Würde Jesus zu mir sagen: »Verkaufe all Deinen Besitz und gib den Erlös den Armen«, würde ich wahrscheinlich wie viele Bibelwissenschaftler bei unbequemen Stellen davon ausgehen, dass man den Text nicht so wörtlich nehmen darf …

Kritiker: Und bei Dingen, die Du nicht hast?

Christ: Da habe ich in den letzten Jahren, wenn ich das so unbescheiden sagen darf, eine recht große Gelassenheit entwickelt. Neid und Missgunst sind mir ziemlich fremd geworden. Gedanken von der Art »ich bin jetzt so und so alt und nenne immer noch nicht dieses mein eigen oder habe jenes noch nicht erlebt« denke ich nicht mehr. Oder anders ausgedrückt: Die Sorge, irgendetwas zu verpassen, kümmert mich nicht mehr. Kritisch betrachtet könnte man das mangelnden Ehrgeiz nennen – aber für mich ist das einfach nur ein unglaublich angenehmes, entspanntes Gefühl.

Kritiker: Du hast ein gutes Gefühl dabei, viele Dinge nicht zu brauchen; andere Leute haben ein gutes Gefühl dabei, eben diese Dinge zu erleben oder zu kaufen. Wieso ist Dein Gefühl jetzt besser?

Christ: Weil meines permanent anhält und ich weder Zeit noch Geld investieren muss, um das Gefühl immer wieder neu herzustellen. Wenn man darauf vertraut, dass das Beste erst nach dem Tod kommt – wozu braucht man dann vor dem Tod noch Habgier oder Verlustängste? Wieso sollte ich Dinge begehren, die nur ein matter, schattenhafter Abglanz dessen sind, das mich erwartet? Und was von dem, was mich nach dem Tod erwartet, sollte man mir hier auf Erden wegnehmen können?

Kritiker: Was würdest Du denn Menschen, die Dir wegen dieser Haltung mangelnden Ehrgeiz vorwerfen, antworten?

Christ: Dass ich in Wirklichkeit nicht unehrgeizig bin, sondern sogar so ehrgeizig, dass ich mich nur mit dem Allergrößten und Allerbesten zufrieden gebe. Ich will keinen schnöden Mammon, sondern den größten Schatz, den es zu entdecken gibt. Ich will keinen Spaß, sondern überfließende Freude. Ich will keine Affären, sondern Liebe. Ich will keine 70 Jahre relativer Behaglichkeit, sondern ewiges Leben.

Kritiker: Wenn ich das jetzt prinzipiell einsehe und auch versuchen möchte, mich von diesen Deiner Meinung nach unwichtigen Dingen frei zu machen, aber es einfach nicht *kann* – bin ich dann ein Versager, der in die Hölle kommt?

Christ: Nein – dann hast Du eine ganz entscheidende Lektion gelernt: Du kannst nicht alles allein schaffen und brauchst Hilfe. Wer das erkannt hat, ist kein Versager, sondern ein zu sich selbst ehrlicher Realist – und einen großen Schritt weiter auf dem Weg zu Gott. Dann gibt es etwas Wichtiges, worüber Du mit Gott sprechen, worum Du ihn bitten kannst – dann kannst Du aufrichtig beten.

2.6 Lohnt sich Atheismus?

An dieser Stelle könnte ich ein Fazit ziehen, das klipp und klar lautet: Atheismus lohnt sich nicht, punkt, basta. Diese Antwort scheint nach dem Verlauf des Buches unausweichlich zu sein. Doch – und dies ist jetzt keine Phrase, um sich vor einer eindeutigen Aussage zu drücken – diese Frage muss jeder für sich selbst beantworten.

Wer eine so grundlegende Frage beantwortet, wer sich an einer so entscheidenden Weggabelung für die eine oder die andere Richtung entscheidet, lässt zwangsläufig ein weites Feld an gegensätzlichen Lebenswegen hinter sich. Ich kann nicht mein ganzes Leben lang das eine tun, ohne das andere zu lassen.

Welchen Weg lasse ich nun hinter mir, wenn ich mich für den Weg zu Gott entscheide? Was muss ich dafür aufgeben? Die Antwort klingt für manchen Menschen der Moderne erschreckend: Ich muss den Weg der totalen Selbstbestimmung verlassen, den Weg, den Europa seit Jahrhunderten beschreitet, der breit ist und zunächst sehr einladend aussieht, gegen Ende hin aber immer einsamer und verlassener wird.

Ich kann der Einsamkeit nur entfliehen, wenn ich von meiner Freiheit und Selbstbestimmung Gebrauch mache, indem ich sie aus eigenem Entschluss einschränke. Verabrede ich mich mit einem Freund, habe ich an dem Tag nicht mehr hundert Möglichkeiten der Abendgestaltung, sondern nur noch eine. Spende ich Geld für Hilfsbedürftige, habe ich die Verfügungsgewalt über das Geld verloren. Heirate ich eine Frau/einen Mann, sind alle anderen Frauen/Männer für mich tabu. Die einzige Möglichkeit, meine Selbstbestimmung durch nichts und niemanden einschränken zu lassen, ist der Weg der totalen Einsamkeit. Enthalte ich mich jeder Form der Beziehung, der familiären, der partnerschaftlichen, der freundschaftlichen und der zu Gott, behalte ich die uneingeschränkte Verfügungsgewalt über mein Leben und bin vor Enttäuschungen und Verletzungen durch Andere geschützt. Derjenige, den diese beiden Punkte wichtiger sind als Gemeinschaft und Liebe, kann sich unmöglich auf Gott einlassen. Und Gott akzeptiert das. Er bedauert jede Entscheidung dieser Art zutiefst, weil er sich für die Liebe und die Gemeinschaft zu den Menschen entschieden hat, aber er zwingt niemanden. Diese Entscheidung treffen wir ganz allein.

ANMERKUNGEN

1 Das Beispiel stammt von John Lennox in: Hat die Wissenschaft Gott begraben? Eine kritische Analyse moderner Denkvoraussetzungen, Wuppertal: R. Brockhaus, 2002, S. 24f.

2 Stephen Hawking in: Eine kurze Geschichte der Zeit, Reinbek: Rowohlt, 1991, S. 159.

3 Der Ehrlichkeit halber muss man ergänzen, dass auch ein hoher muslimischer Anteil der Bevölkerung eine niedrige Ansteckungsquote zur Folge zu haben scheint.

4 Das gilt übrigens auch für Wörter, die Untugenden beschreiben. Kennt noch jemand das Wort *Hoffart* (eitler Stolz)? Was mit Untugenden passiert, die man kaum mehr sprachlich erfassen kann, ist klar – sie wuchern ungehindert weiter.

5 Die meisten Abtreibungen in Deutschland werden durchgeführt von *pro familia*, einer Organisation, die u. a. gegründet wurde (vor der Umbenennung nach dem Krieg) von einem gewissen Professor Harmsen, der im Dritten Reich zuständig war für Eugenik und Rassenhygiene.

6 Dieser Weg funktioniert auch umgekehrt: alle Menschen, die entschlossen ihr Leben ändern, entdecken irgendwann tief verwurzelte unmoralische Angewohnheiten, die ihnen vorher gar nicht als Makel bewusst waren.